京华通览
历史文化名城
主编／段柄仁

北京皇家坛庙

武裁军／编著

北京出版集团公司
北京出版社

图书在版编目（CIP）数据

北京皇家坛庙 / 武裁军编著. — 北京：北京出版社，2018.8
（京华通览 / 段柄仁主编）
ISBN 978-7-200-13864-1

Ⅰ.①北… Ⅱ.①武… Ⅲ.①古典园林—介绍—北京 Ⅳ.①K928.73

中国版本图书馆CIP数据核字（2018）第017245号

出 版 人　曲　仲
策　　划　安　东　于　虹
项目统筹　董拯民　孙　菁
责任编辑　董拯民　周　亮
封面设计　田　晗
版式设计　云伊若水
责任印制　燕雨萌

"京华通览"丛书在出版过程中，使用了部分出版物及网站的图片资料，在此谨向有关资料的提供者致以衷心的感谢。因部分图片的作者难以联系，敬请本丛书所用图片的版权所有者与北京出版集团公司联系。

京华通览
北京皇家坛庙
BEIJING HUANGJIA TANMIAO
武裁军　编著

*

北京出版集团公司
　　　　　　　　　　　出版
北 京 出 版 社

（北京北三环中路6号）
邮政编码：100120

网　　址：www.bph.com.cn
北京出版集团公司总发行
新 华 书 店 经 销
天津画中画印刷有限公司印刷

*

880毫米×1230毫米　32开本　7.5印张　155千字
2018年8月第1版　2022年11月第3次印刷
ISBN 978-7-200-13864-1
定价：45.00元

如有印装质量问题，由本社负责调换
质量监督电话：010-58572393

《京华通览》编纂委员会

主　　任　段柄仁
副 主 任　陈　玲　曲　仲
成　　员　（按姓氏笔画排序）
　　　　　于　虹　王来水　安　东　运子微
　　　　　杨良志　张恒彬　周　浩　侯宏兴
主　　编　段柄仁
副 主 编　谭烈飞

《京华通览》编辑部

主　　任　安　东
副 主 任　于　虹　董拯民
成　　员　（按姓氏笔画排序）
　　　　　王　岩　白　珍　孙　菁　李更鑫
　　　　　潘惠楼

序

PREFACE

擦亮北京"金名片"

段柄仁

北京是中华民族的一张"金名片"。"金"在何处？可以用四句话描述：历史悠久、山河壮美、文化璀璨、地位独特。

展开一点说，这个区域在 70 万年前就有远古人类生存聚集，是一处人类发祥之地。据考古发掘，在房山区周口店一带，出土远古居民的头盖骨，被定名为"北京人"。这个区域也是人类都市文明发育较早，影响广泛深远之地。据历史记载，早在 3000 年前，就形成了燕、蓟两个方国之都，之后又多次作为诸侯国都、割据势力之都；元代作为全国政治中心，修筑了雄伟壮丽、举世瞩目的元大都；明代以此为基础进行了改造重建，形成了今天北京城的大格局；清代仍以此为首都。北京作为大都会，其文明引领全国，影响世界，被国外专家称为"世界奇观""在地球表面上，人类最伟大的个体工程"。

北京人文的久远历史，生生不息的发展，与其山河壮美、宜生宜长的自然环境紧密相连。她坐落在华北大平原北缘，"左环沧海，右拥太行，南襟河济，北枕居庸""龙蟠虎踞，形势雄伟，南控江淮，北连朔漠"。是我国三大地理单元——华北大平原、东北大平原、蒙古高原的交汇之处，是南北通衢的纽带，东西连接的龙头，东北亚环渤海地区的中心。这块得天独厚的地域，不仅极具区位优势，而且环境宜人，气候温和，四季分明。在高山峻岭之下，有广阔的丘陵、缓坡和平川沃土，永定河、潮白河、拒马河、温榆河和蓟运河五大水系纵横交错，如血脉遍布大地，使其顺理成章地成为人类祖居、中华帝都、中华人民共和国首都。

这块风水宝地和久远的人文历史，催生并积聚了令人垂羡的灿烂文化。文物古迹星罗棋布，不少是人类文明的顶尖之作，已有1000余项被确定为文物保护单位。周口店遗址、明清皇宫、八达岭长城、天坛、颐和园、明清帝王陵和大运河被列入世界文化遗产名录，60余项被列为全国重点文物保护单位，220余项被列为市级文物保护单位，40片历史文化街区，加上环绕城市核心区的大运河文化带、长城文化带、西山永定河文化带和诸多的历史建筑、名镇名村、非物质文化遗产，以及数万种留存至今的历史典籍、志鉴档册、文物文化资料，《红楼梦》"京剧"等文学艺术明珠，早已成为传承历史文明、启迪人们智慧、滋养人们心灵的瑰宝。

中华人民共和国成立后，北京发生了深刻的变化。作为国家首都的独特地位，使这座古老的城市，成为全国现代化建设的领头雁。新的《北京城市总体规划（2016年—2035年）》的制定和中共中央、国务院的批复，确定了北京是全国政治中心、文化中心、国际交往中心、科技创新中心的性质和建设国际一流的和谐宜居之都的目标，大大增加了这块"金名片"的含金量。

伴随国际局势的深刻变化，世界经济重心已逐步向亚太地区转移，而亚太地区发展最快的是东北亚的环渤海地区、这块地区的京津冀地区，而北京正是这个地区的核心，建设以北京为核心的世界级城市群，已被列入实现"两个一百年"奋斗目标、中国梦的国家战略。这就又把北京推向了中国特色社会主义新时代谱写现代化新征程壮丽篇章的引领示范地位，也预示了这块热土必将更加辉煌的前景。

北京这张"金名片"，如何精心保护，细心擦拭，全面展示其风貌，尽力挖掘其能量，使之永续发展，永放光彩并更加明亮？这是摆在北京人面前的一项历史性使命，一项应自觉承担且不可替代的职责，需要做整体性、多方面的努力。但保护、擦拭、展示、挖掘的前提是对它的全面认识，只有认识，才会珍惜，才能热爱，才可能尽心尽力、尽职尽责，创造性完成这项释能放光的事业。而解决认识问题，必须做大量的基础文化建设和知识普及工作。近些年北京市有关部门在这方面做了大量工作，先后出版了《北京通史》（10卷本）、《北京百科全书》（20卷本），各类志书近900种，以及多种年鉴、专著和资料汇编，等等，为擦亮北京这张"金名片"做了可贵的基础性贡献。但是这些著述，大多是服务于专业单位、党政领导部门和教学科研人员。如何使其承载的知识进一步普及化、大众化，出版面向更大范围的群众的读物，是当前急需弥补的弱项。为此我们启动了《京华通览》系列丛书的编写，采取简约、通俗、方便阅读的方法，从有关北京历史文化的大量书籍资料中，特别是卷帙浩繁的地方志书中，精选当前广大群众需要的知识，尽可能满足北京人以及关注北京的国内外朋友进一步了解北京的历史与现状、性质与功能、特点与亮点的需求，以达到"知北京、爱北京，合力共建美好北京"的目的。

这套丛书的内容紧紧围绕北京是全国的政治、文化、国际交往和科技创新四个中心，涵盖北京的自然环境、经济、政治、文化、社会等各方面的知识，但重点是北京的深厚灿烂的文化。突出安排了"历史文化名城""西山永定河文化带""大运河文化带""长城文化带"四个系列内容。资料大部分是取自新编北京志并进行压缩、修订、补充、改编。也有从已出版的北京历史文化读物中优选改编和针对一些重要内容弥补缺失而专门组织的创作。作品的作者大多是在北京志书编纂中捉刀实干的骨干人物和在北京史志领域著述颇丰的知名专家。尹钧科、谭烈飞、吴文涛、张宝章、郗志群、姚安、马建农、王之鸿等，都有作品奉献。从这个意义上说，这套丛书中，不少作品也可称"大家小书"。

总之，擦亮北京"金名片"，就是使蕴藏于文明古都丰富多彩的优秀历史文化活起来，充满时代精神和首都特色的社会主义创新文化强起来，进一步展现其真善美，释放其精气神，提高其含金量。

2017 年 11 月

目录

CONTENTS

概　述 / 1

九　坛

燔柴礼天——圜丘坛 / 5

历史沿革 / 6

建筑概况 / 8

圜丘祀典 / 24

孟春祈谷——祈谷坛 / 36

历史沿革 / 36

建筑概况 / 39

祈谷大典 / 59

黄琮祭地——地坛 / 64

历史沿革 / 64

　　　　建筑概况 / 68

　　　　祭地典礼 / 72

　　春分朝日——日坛 / 74

　　秋分夕月——月坛 / 79

　　封土立社——社稷坛 / 84

　　春耕籍田——先农坛 / 89

　　太岁坛 / 95

　　先蚕坛 / 98

　　　　历史沿革 / 98

　　　　建筑概况 / 100

八　庙　敬天法祖——太庙 / 104

　　　　历史沿革 / 104

　　　　建筑概况 / 107

　　景德崇圣——历代帝王庙 / 111

　　　　历史沿革 / 111

　　　　建筑概况 / 116

　　万世师表——孔庙 / 119

　　　　历史沿革 / 119

　　　　建筑概况 / 121

　　　　碑刻 / 124

　　显承无斁——寿皇殿 / 127

　　慎终追远——奉先殿 / 133

修文修德——传心殿 / 136

龙潜福地——雍和宫 / 139

    历史沿革 / 139

    建筑概况 / 141

清廷之殇——堂子 / 147

天　坛

世界遗产——天坛 / 153

天子乃斋——斋宫 / 159

华夏正声——神乐署 / 168

    中和韶乐 / 171

    祭天乐舞 / 176

嘉木葱茏——天坛柏林 / 177

坛庙祭祀

祭祀渊源与中国古代政治 / 186

明清祭祀体制 / 188

祭祀礼仪 / 192

    进祀册，确定吉期 / 192

    题请，确定祭祀时辰及参加人员 / 193

    进铜人，宣示斋戒，杜绝一切嗜欲，表达虔诚庄敬 / 196

    致斋，开始斋戒 / 198

    演礼 / 199

    视牲看牲 / 201

阅祝版、御斋官 / 201

　　上香、视笾豆 / 203

祭祀官服及陈设 / 204

　　祭服 / 204

　　玉帛 / 205

　　乐舞 / 205

　　祭器定制 / 208

　　祭品 / 209

行　礼 / 213

　　辨位 / 213

　　执事 / 215

　　祝文 / 216

　　临坛行礼 / 219

后　记 / 225

概　述

坛庙是皇帝举行祭祀大典的场所，是中国古代皇权的标志，是封建王朝的"万世不移之基"。

祭祀，最初为人的崇拜行为，是人对自然及人类自身认识的一种反映，它起源生活，《礼记·礼运》曰："夫礼之初，始诸饮食、燔黍捭豚、蕢桴而土鼓。"祭祀代表了人类最初的觉悟，是人类脱离蒙昧，走向文明的一个历史标志。

早期人们通过祭祀以表达自己的愿望、恐惧及哀悼。原始社会末期，氏族部落联盟的首领们就利用祭祀维系氏族部落的团结，维系首领的权威。当宗法制度建立以后，特别是国家的制度确立以后，祭祀就更演变成"等高下，别尊卑"的政治工具，统治者利用祭祀表现尊崇，炫耀权力，震慑臣民。这种政治目的促使祭祀逐渐演变成了国家最重要的政治活动，《春秋左传》称："国之大事在祀与戎。"由于祭祀具有巨大的政治影响，中国古代的君主们才不约而同地用法律的尊严营造起了一座座祭祀建筑——坛庙。《墨子·明鬼》即曰："其始建国营都日，必择国之正坛，置以为宗庙；必择木之修茂者，立以为菆位"，儒家学者更总结为"从来立国者必首隆庙社之规，崇建阙廷之制。所以象辰极，抚寰区，昭诚敬而敷化理，典纂钜也"。正是基于这一点，坛庙在中国古代一直是国都的标志性建筑，成了皇权的象征，是"万世不移之基"。古代儒家学者运用宇宙天体运行的规律并加以神化，用建设坛庙来证明并强化政治体制的完备，以证明政权的合理性和不可动摇。坛庙建设的种种设计正是体现了礼法统治对于社会稳定的作用。

中国坛庙建筑历史源远流长，夏有世室，商有重屋，周有明堂。西周初年，周公制礼作乐，国家祭祀礼仪制度逐渐完备，坛庙也成为国都的标志，中国的古都西安、洛阳、开封、南京、杭州、北京，都曾建有规模宏大、雄伟壮丽的坛庙，象征着各个皇家血亲统治的万世不移之基。毋庸置疑，中国历史上每个王朝所建设的坛庙都极尽所能地彰显了帝国京都的威严和礼仪之邦的气魄。沧海桑田，时代更替，各个朝代所建立的彰显着帝国威仪的一座座坛庙几乎无一不在历史的洪流中湮没，只有北京今天还比较完好地保存着中国最后一座帝都坛庙群——明清两朝鼎力建造的九坛八庙。

北京是中国的历史文化名城，历史悠久，从 11 世纪以后，逐渐成为中国北方的政治和文化中心，13 世纪以后更成为全中国的政治文化中心。辽、金、元、明、清几个朝代对北京的建设不遗余力，造就了北京的辉煌，积累了大量的文化遗存，北京的九坛八庙是这些文化遗存中壮丽的建筑景观。"九坛"指北京天坛内的圜丘坛和祈谷坛，还有地坛、日坛、月坛、社稷坛、先蚕坛以及先农坛内的先农坛和太岁坛。"八庙"指太庙、奉先殿、传心殿、寿皇殿、雍和宫、堂子、历代帝王庙和文庙（孔庙）。九坛八庙除了堂子在20世纪50年代被夷平外，其余各坛庙无一不是其所在区域的历史地标，其雄伟壮丽在今天仍然是无以复加的。

　　北京九坛八庙建筑在空间安排、选地与色彩等方面采用了各种象征手法，以营造崇敬的氛围，制造崇拜。为了突出坛庙的神圣、庄严，其建筑造型和平面布局经常采用中轴对称手法，通过建筑符号"语汇"的象征体现建筑的等级及其意境，有着丰富、浓郁的精神文化意味。如天坛以阳数、奇数九与九的倍数象征天，社稷坛用五方五色的观念象征王权，地坛以其朝向、偶数、黄色象征大地。"九坛八庙"作为礼制建筑，是传统思想和信仰体系物化了的表现形式，以其特有的建筑，通过各具特色的祭祀礼仪，形象地展现了"敬天尊祖"的民族意识与崇德尚贤的人文精神，表达了中国传统文化敬天、法祖、尚贤的价值取向，凝聚了中国传统的文化理念，更融合了我们祖先在社会学、伦理学、建筑学、声学、力学、美学、天文学等人文及自然科学等各方面所取得的成就。而古代匠师则用精湛的建筑工程技术和卓越的艺术创造力，将先民的贡献凝聚在那绚丽壮观的红墙、白石、蓝瓦中，用极其独特的方式保留了历史记忆，使坛庙成为中华民族五千年文明历史脉流的文化象征，传承延续着中国的祭祀文化。

　　九坛八庙是北京的历史名胜，也是中国传统文化的历史见证。

九 坛

坛，指祭坛，古汉语称"崇基曰坛"。坛，是一种高台式建筑，是专为帝王举行祭祀典礼而营造的一种特定建筑，是典型的礼仪建筑。《礼记·祭法》曰："燔柴于泰坛。"早期建坛多积土而成，故唐颜师古称"筑土为坛"，以后多以石砌，或圆形，或方形，因祀而异。

中国古代各朝代均建有专为皇帝举行祭祀典礼的祭坛，北京自辽建南京始即有祭坛的营建。明朝定都北京后开始了大规模的祭坛建设，清王朝入主中原后全面继承了明朝的祭祀礼制，对明朝留下的各座祭坛进行了大力维护和继续建设。至清朝末年北京仍完整保留了多座建筑精美、文化深厚的祭坛，其中九座最具典型意义的祭坛被称为九坛，即圜丘坛、祈谷坛、地坛、日坛、月坛、先农坛、社稷坛、先蚕坛、太岁坛。

燔柴礼天——圜丘坛

圜丘坛是北京坛庙之首，堪称神州第一坛。

圜丘坛位于天坛内坛南部，是明清两朝皇帝举行冬至大祀、孟夏常雩等祭祀典礼的祭坛。

圜在古汉语里专指天体，东汉许慎《说文》曰："圜，天体也。"唐贾公彦《周礼·疏》释圜丘曰："圜丘者，地之高者曰丘……圜者，象天圜……因高以事天。"古人以圜为天，丘为高地，故将举行

圜丘全景

祭天典礼的祭坛称为圜丘。

历史沿革

中国古人崇尚天，认为天是万物的主宰，夏、商时期就有祭天的记载。西周初年，周公制礼作乐，更明确地将祭天列入国家祀典。记述周代国家制度的《周礼·大司乐》篇即有记载"冬日至，礼天神，夏日至，礼地祇"。自西周以降，中国古代各个王朝都将祭天列入国家祀典。

明洪武元年（1368年），中书省臣李善长等奉敕撰进《郊祀议》言："王者事天明，事地察，故冬至报天，夏至报地，所以顺阴阳之义也。祭天于南郊之圜丘，祭地于北郊之方泽，所以顺阴阳之位也。"

洪武元年（1368年），明太祖朱元璋根据中国礼法传统及大臣们的考据于南京钟山之阳建圜丘，定每年冬至日举办祀天大典，称冬至大祀。洪武十年（1377年），朱元璋以"人君事天地犹父母，不宜异处"为由，停止举行冬至、夏至天地分祀，改于圜丘旧址

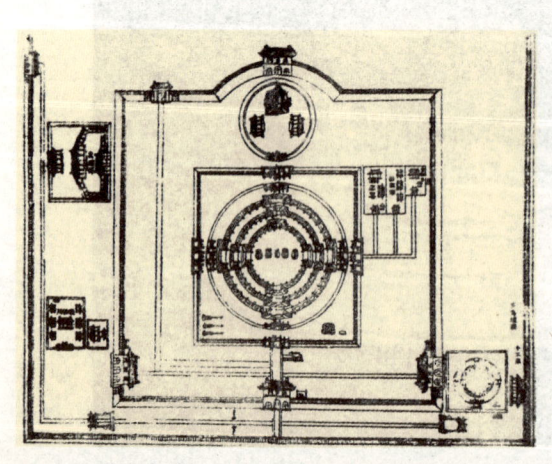

明圜丘图

建大祀殿，称天地坛，以每年春正月的上辛日举行天地合祀大典。明永乐皇帝迁都北京后，按南京旧制建天地坛，于每年春正月举行天地合祀大典。

明嘉靖九年（1530年）四月，嘉靖皇帝朱厚熜采纳吏科给事中夏言奏请，决定恢复洪武初制，实行天地分祀，于"国之南建圜丘以祀天"。

嘉靖皇帝诏令大学士张璁、尚书方献夫为圜丘择址，由张璁会同阁臣勘址。夏言建议即天地坛大祀殿南建圜丘，朱厚熜允其议，遂由张璁及礼部尚书李时定圜丘位置。五月，朱厚熜诏武定侯郭勋、宣城伯卫錞、大学士张璁负责建造圜丘事宜，总督工程；礼部尚书李时监督规制；工部右侍郎蒋瑶提督工程；都察院右都御史汪铉、吏科给事中夏言监视巡察工程。是月，开始圜丘兴造工程。由于明代典籍所记圜丘制度有异，礼臣疏请朱厚熜。朱厚熜裁定："圜丘第一层，径阔五丈九尺，高九尺；二层径十丈五尺，三层径二十二丈，俱高八尺一寸，地面四方，满垫起五尺。"是年十月，圜丘建成，为蓝色琉璃圆坛，并规定每年冬至日在圜丘举行祭天

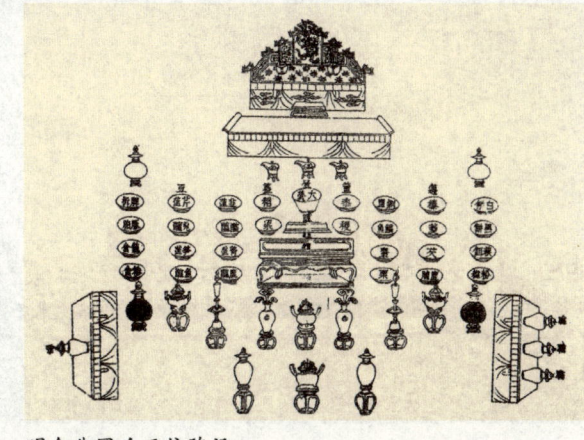

明会典圜丘正位陈设

大典。明嘉靖十三年（1534年）十一月，嘉靖皇帝更因圜丘专为祀天而颁诏命，谕礼部："南郊之东坛名天坛。"天坛自此命名。

清乾隆十五年（1750年）一月，乾隆皇帝因圜丘台面狭窄，不敷陈设及行礼之用，诏改圜丘规制，坛面扩大，围栏改为汉白玉石栏，初定坛面墁砖取用金砖，施工中因烧造不易改为用艾叶青石成造。乾隆皇帝称，"原坛面氅砌及栏板、栏柱旧皆青色琉璃，今改用艾叶青石，朴素浑坚，堪垂永久"。乾隆皇帝并定搭建幄次所需柱木"应即于坛面凿眼安设，勿用栓线石鼓，致碍进退踉跄"。

建筑概况

圜丘设有内外两道坛墙，内墙圆形，直径约102米，外墙

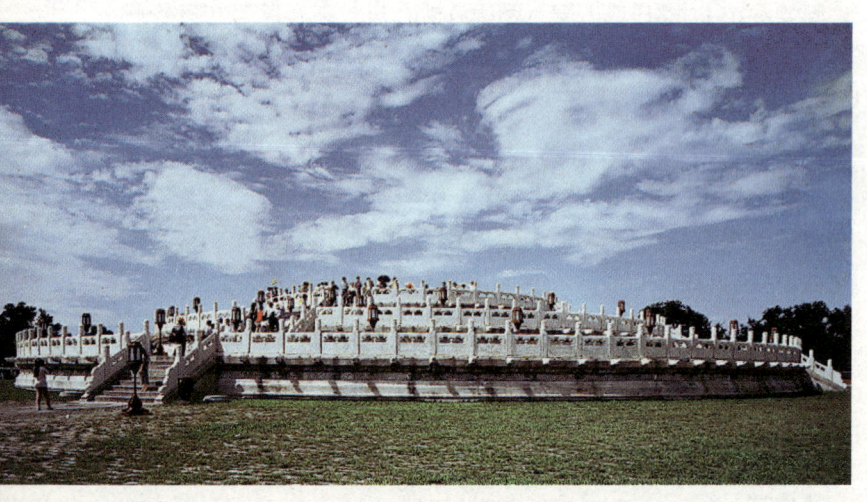

圜丘

方形，每边长约 168 米。内外墙"俱朱墙蓝瓦，青砖下碱，连檐通脊"。

圜丘

圜丘是举行祭天大典的祭坛，为 3 层汉白玉圆形须弥座石坛，通高 5.71 米。3 层台面皆铺墁艾叶青石，环以汉白玉石雕围栏，东南西北四面设石阶，均 9 级。石栏望柱柱头雕刻盘龙，出水饰螭首，而各层须弥座间则雕雷纹唐草纹圭脚。圜丘底层径 54.9 米，

圜丘石雕围栏　　　　　圜丘天心石

上层径 23.6 米，圜丘上层台面中心嵌圆石，称为"天心石"，也称"太极石"，围绕"天心石"的以扇面形状铺开的石板均以九的倍数递增，第一重为 9 块，第二重为 18 块，直到第九重为 81 块；下面两层台面的石板和四周的栏板也都是以 9 的倍数递增。每层的台阶也是 9 级，因为 9 是单数中最大的数，为至阳之数，表示至阳至大。圜丘的各种建筑数据均为 9 或 9 的倍数，寓意着天的至高无上。

圜丘冰清玉洁，造型典雅，美轮美奂，是中国古代石材建筑的经典之作。

圜丘棂星门

棂星门

　　圜丘内外墙四面各设 3 座棂星门，共计 24 座。棂星门门框皆为石造，上饰云板，下嵌抱鼓，朱漆门扉，门扉木作，上配棂窗，下置裙板，涂以朱红，饰以金环。各面棂星门中门制皆阔于侧门，而南北向左棂星门为祭祀时帝王行走之门，故又稍阔于右棂星门。

　　棂星门造型优美，极富韵律，有"云门玉立"的美誉。

　　圜丘外墙还建有燔柴炉、瘗坎、望灯杆等设施。

燔柴炉

　　燔柴炉在外墙南棂星门内偏左处，圆形，绿色琉璃砖成造，炉体通高 2.85 米，炉面径 3.4 米，炉口径 2.23 米，炉膛深 2.5 米。膛内硕大，北向有燃烧口，膛下枕以铁骨，为遗灰烬之用。炉外东、南、西三面各设 9 级台阶。燔柴炉专用于举行燔柴礼时焚烧献给皇天上帝的供品，祭天仪程第一项为"燔柴迎帝神"，掌燎官指挥点燃燔柴炉中的木柴，焚烧时炉上架燔牛以火燎烤，使烟气冲天，表示祭天大典正式开始。祭天大典的最后一项仪程是望燎，皇帝行三献礼后降坛至燔柴炉西边的望燎位，目送使役将供品放入炉内，称"望燎"，礼毕，祭天大典的所有仪程就结束了。燔柴炉用的木柴要用黄绫包裹，因这种木柴两端有口，形如马口，故称为"马口柴"，清朝典章规定马口柴只能用于祭天燔柴礼。

瘗坎

瘗坎在燔柴炉之东，为圆形绿色琉璃池，是旧时瘗埋祭祀牺牲毛血之处，故又名"毛血池"。池座埋于地表下，深逾尺余，池口径 0.85 米，池面以扇形琉璃砖环砌而成，平滑光洁。

望灯杆白石基座，木杆，高逾 30 米，通身朱漆，上置镏金宝顶，

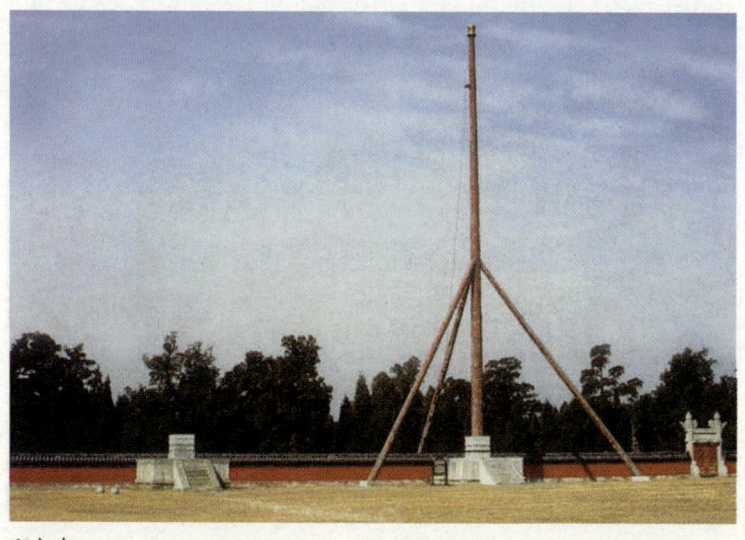

望灯杆

祭祀时杆上悬挂巨型黄色灯笼,用于为陪祀官员指示方向,名"望灯",其杆遂称"望灯杆"。

具服台

具服台,位于圜丘外墙距棂星门 13 米处,甬路东侧。具服台为砖砌平台(具服台),白石台明。台高 70 厘米,16 米见方,与甬路之间有 11.5 米的砖砌甬道相连。具服台下有地炕,冬可取暖。现具服台东侧尚保存有灶坑,即旧时燃柴供暖之处。逢圜丘大祀,工部设更衣幄次于具服台。更衣幄次为黄缎布屋,幄次设入口,宽 2.8 米,祭之日,三鼓,皇帝自斋宫乘舆至外墙神路之西,降舆至神路东更衣幄次。礼部太常寺奉神位复命毕,退出。百官分列在神路东西以候。皇帝具祭服出,导引官导驾由左棂星门入坛内。祭毕,再至更衣幄次易服,然后离坛。

具服台

中国古代有脱靴礼，即举行祭祀时，所有参加祭祀的人等俱要脱靴，赤脚登坛，用以表示对神的尊重。明洪武八年（1375年），朱元璋诏翰林院臣考定大祀登坛脱靴之礼，认为魏以来凡祭祀皇帝及官员，升坛皆脱靴，并诏令实行。以后皇帝亲祀俱于具服台脱靴，然后赤脚登坛，以示虔诚。至明嘉靖十七年（1538年）时，嘉靖皇帝诏令罢大祀脱靴礼。

清时，祀前一日，仍由工部司官张设大次于圜丘外壝左门外具服台，大次西向，高3米，方形，以黄缎制就，大次内设有宝座、宝桌、香炉、炭盆等陈设，大次外左右设红纸插灯台各一。因大次为黄缎制就，所以又称为"小金殿"。

皇穹宇

皇穹宇坐落在圜丘的北面，为一座圆形院落，院落中有正殿

皇穹宇

及东西配殿。正殿即皇穹宇,为存贮"皇天上帝"及清朝历代皇帝神版的殿宇,东西配殿位于正殿两厢,是存贮从祀神位的殿宇。

皇穹宇南向有 3 座拱券式宫门,因其覆以蓝色琉璃瓦故俗称为琉璃门,门白石崇基,环有汉白玉围栏,盘龙望柱。门上的琉璃彩画黄绿相间,精美别致,是北京保留不多的几处明代琉璃彩绘建筑。

皇穹宇原名泰神殿,始建于明嘉靖九年(1530 年),原是一座方形建筑,明嘉靖十七年(1538 年)由严嵩主持重建,改为圆形重檐殿宇,设左右配庑,命名为皇穹宇。清乾隆八年(1743 年),清朝的乾隆皇帝敕令改为今制。

皇穹宇是存放祭天神主的殿宇,殿高 22.35 米,面积 191 平方米,蓝色琉璃瓦单檐攒尖镏金宝顶,环转八柱,青砖槛墙棱

皇穹宇琉璃门

皇穹宇殿内陈设

花窗，南向三开门。崇基白石须弥座，环以汉白玉石栏，东、西、南三面出阶。殿前丹陛枕以御路，御路浮雕二龙戏珠及海水江崖。皇穹宇屋架为三层镏金斗拱，层层上叠，天花层层收缩，藻井饰以团龙，沥粉贴金，金光闪烁，内檐金柱，沥粉贴饰金缠枝莲。大殿外檐饰金龙和玺，内檐饰龙凤合玺彩画，富丽堂皇。

皇穹宇殿正中为石须弥座，前设供案，上陈梓龛，梓龛供奉皇天上帝神版，神版青地金书，满汉合璧，龛前九级木阶梯，后护金龙屏风。供案上设五供，即铜香炉1个，铜烛台2个，铜提尊2个，提尊插有泥金木灵芝，

皇天上帝神版

寓意吉祥如意。皇天上帝神位两侧设有八配位，按昭穆制陈设清朝皇帝列祖列宗神主。

皇穹宇东西配殿均为蓝色琉璃歇山顶建筑，用于存放圜丘祭天从祀神主牌位。东配殿内陈设"大明之神（太阳神）""北斗七星之神""木火土金水之神""二十八宿之神""周天星辰之神"；西配殿内陈设"夜明之神（月亮神）""云师之神""雨师之神""风伯之神""雷师之神"。按清代祭天礼仪规定，大祀当日五鼓时，从祀神位同皇穹宇正殿的皇天上帝、列祖列宗神位一同分别奉于龙亭之内，按正位在前，配位、从位依次相随的顺序，由校尉抬至圜丘之上安置。

环皇穹宇为一道圆形砖砌围墙，这道围墙就是著名的回音壁。皇穹宇围墙建于明嘉靖十七年（1538年），初建时为夯土墙，清

皇穹宇西配殿

皇穹宇石雕

乾隆十七年（1752年）改建皇穹宇时在夯土墙外包砌城砖，采用山东出产的临清砖。临清当地的运河淤积土质好，俗称"莲花土"，土质细腻，沙黏适宜，用这种土烧出的砖，敲之有声，断之无孔，坚硬茁实，不碱不蚀。明初即在临清建官窑烧砖供应北京皇城建设，称为贡砖，清代沿袭，专设"工部营缮分司督之"。明清两代，临清一地"岁征城砖百万"，天坛许多建筑均采用临清砖。

关于回音壁有很多传说，大都附会皇帝是"真龙天子"，更有乾隆皇帝阅视坛位时发现了回音壁的传说。实际上是回音壁墙体采用干摆工艺磨砖对缝砌成，墙面洁净光滑，墙顶覆蓝色琉璃瓦，连檐通脊，冰盘沿。圆形围墙具有非常标准的弧度，冰盘檐的墙顶也具有笼音的效果，由于墙体弧度精确，质地细密，声波

回音壁

可以沿着光滑的圆形围墙连续反射，产生了回声的现象，形成了特殊的回音效果，回音壁因此得名。

圜丘神厨在圜丘之东，与祈谷坛神厨规制相同，唯缺西殿，神厨院南向设有院门，门前无长廊连缀，但有砖道连通宰牲亭、圜丘，道旁设有插杆石。

神厨院　三库院　宰牲亭

圜丘坛附属建筑即有神厨院、祭器库、棕荐库、乐器库、宰牲亭，这些附属建筑均分布于圜丘的东面。

神厨院

神厨院在圜丘东侧林中，是旧时制作祭祀供物之所，院中有神厨殿、神库殿、井亭，院四面设垣，垣为砖作，涂以红土为饰，上覆绿瓦，南向设垣门。神厨院门为砖石结构，绿博风排山勾滴，歇山顶,绿琉璃瓦屋面,门扉朱红,带扣环。门前两级垂带踏跺。

神厨院前有甬道通往圜丘。道又名走牲道,城砖海墁,穿行于柏林间。道两侧遗有插杆石,为圆石,中有孔洞,微露出地表,间距不足4米,甚是整齐。旧例,祭祀前要沿砖道搭建布篷,用于传送祭品至祭坛,曰"走牲棚"。因祭品在奉献之前要保持洁净,故要搭棚以遮蔽风雪,砖道两旁的插杆石就是安插布篷支柱的柱础。

神库殿为神厨院正殿,昔年祭祀时,祀前1日,皇帝即于其处行视笾豆仪。神库殿5开间,悬山顶调大脊,覆以绿瓦,五花山墙,城砖地面。明间南向开户,次、梢间南向设窗,昔年门窗俱为棱花,今日已改为方格玻璃门窗。殿内外俱施旋子彩画,殿内次间彩画

圜丘坛神厨

为清早期作品，现已少见，甚为珍贵。

神厨院配殿即神厨殿，是当时制作祭祀供品之所，今空置，殿中空无一物。神厨殿坐东向西，5开间，九檩大式悬山建筑。殿西向设明窗，殿明间后檐亦辟有窗，为亮窗，旧为栅窗，今俱以木封堵，明间后檐窗下有石槽，为洗涤祭品之处。

神厨殿前有古井，白石井口，架以石梁，为汲水之用。井上有亭，亭六面坡盝顶，一斗三升交麻叶头斗拱，雅伍墨旋子彩画。台明墁以石，青砖散水。现院内遍植青草，环境优美，赏心悦目。

三库院

圜丘有祭器库、棕荐库、乐器库，同为明清时贮存祭祀用品的库房，因三座库房坐落在一个院子里，故有"三库院"之称。三库院门南向，制与神厨院同。

三库院在神厨院东，与神厨院毗邻，院中祭器库、棕荐库、乐器库，俱坐东向西，南北一字排开。三库建筑制式相同，俱硬山调大脊，覆以绿琉璃筒瓦，琉璃博风排山勾滴，砖墙至顶接冰盘檐。三库中，棕荐库稍大，居中，祭器库在左，乐器库在右。

三库均为砖石混合结构库房建筑，墙体厚重，门、窗俱石抱框，扉包铁皮，铁皮面镶帽钉，窗口更铸铁栅，坚固非凡。三库院中地皆墁砖，西墙下有值守房，房依墙而设，甚矮小，已非旧制，旧物仅灶坑尚存，余皆无痕迹。

三库俱为明嘉靖时期所建，是天坛少量明代建筑遗存之一。

宰牲亭

宰牲亭为祭祀前准备牺牲之所，因牺牲是用木器击杀，故又

圜丘坛宰牲亭

称"打牲亭"。宰牲亭院在三库院东,单独设垣,其北垣与三库院及神厨院齐,唯南垣比其余各院南垣稍退。垣门制度及墙垣与诸院同。

宰牲亭亦名宰牲殿,坐于月台上,甚广,殿南向,重檐歇山顶,绿琉璃筒瓦,殿面阔3间,广16米,进深13.9米。明间有矩形砖池,为漂牲池,旁有灶台,置铜锅。明间前檐设门,次间设槛墙,上架格栅窗,两山亦辟有格栅窗。后檐墙接灶火间。门前台明接月台,月台南向有垂带踏跺。

灶火间在宰牲殿后,为旧时烧薪之处。灶火间一面坡顶,上覆琉璃筒瓦。如今已坍塌,但建筑遗址尚存。

宰牲亭院中亦有古井,上覆以六角盝顶绿琉璃井亭,制与神厨院井亭同。

圜丘神厨院、三库院、宰牲亭院俱建于明嘉靖九年(1530年),明清时管理甚严,清末曾为八国联军所扰,侵略军将各处占为马厩、粮秣处、营房,并在祭器库墙上留下了刻划痕迹,神厨院还发现了侵略军遗留的箱匣。

1997年至1998年,天坛将神厨、神库、宰牲亭陆续按原制修复。

"元亨利贞"四天门

圜丘有四天门，分列东南西北，东为泰元门，南为昭亨门，西为广利门，北为成贞门，取意于《易·乾》中的"乾，元亨利贞"语。四门皆建于明嘉靖九年（1530年）。

昭亨门为圜丘正门，皇帝祭祀圜丘，大驾卤簿即停昭亨门外，皇帝由昭亨门左门入至圜丘瞻礼，所以在圜丘四门中昭亨门最为显赫，门内外皆跸路，城砖海墁，门外有降舆处，有石坊，皆毁于1948年12月，今已无痕迹。门内跸路宽达30米，直抵圜丘棂星门。

昭亨门为砖座拱券门，南北向，歇山顶，绿瓦，单翘单昂三踩斗拱，角科石雕，四角有抱角石。施旋子彩画，金龙枋心。三孔拱券门，中门拱券厚1.65米，拱券高7米，左右门拱券厚同中门，拱券高5米，三门俱大红门扇，九纵九横镏金帽钉，中门上嵌白石横额，镏金汉满文楷书"昭亨门"。

昭亨门自1949年后长期封闭，1977年修缮后始开放，即今天坛公园南大门。

泰元门为圜丘东天门，在圜丘东南一里许，东西向，形式与昭亨门同，唯规制稍小，东向石额书"泰元门"。明时，泰元门外有崇雩坛，皇帝雩祀经泰元门，明隆庆元年（1567年），废雩祀，泰元门归于沉寂，长期闲置。1977年，天坛公园管理处将之封闭，三孔拱券皆辟为屋，今仍为民居。

广利门在圜丘西南，东西向，制同泰元门，唯额西向，书"广利门"。清制,皇帝祭祀圜丘前一日诣皇穹宇上香,然后出广利门转至斋宫。广利门西稍南有牺牲所,稍北为神乐署。广利门南垣上旧有穿墙门,门内有砖影壁,为祭祀牺牲所经之门,故称走牲门。广利门在国民党统治时期即已封闭,20世纪50年代中期,南垣穿墙门被堵死,砖影壁被拆除,三孔券门被辟为鸡舍,后易为库房,今仍为存放材料之用。

　　成贞门,在皇穹宇北,南北向,为圜丘坛的北天门。门北接祈谷坛丹陛桥,也是祈谷坛的南门。成贞门形式如昭亨门,但规制略隆于昭亨门,其中券门拱高7.2米,侧券门拱高5.2米。

　　成贞门原址在今皇穹宇处,明嘉靖十七年(1538年),明世宗决定改泰神殿为皇穹宇,兴改建工程,向北拓地数十丈,将圜丘坛北墙中段北移,成弧形,与皇穹宇圆形垣墙即回音壁相呼应,旋拆旧成贞门,于现址重建。今成贞门两侧垣墙嘉靖十七年砖铭仍随处可见。改造后的成贞门位于弧形墙正中,北接丹陛桥,南通圜丘坛,使得两坛结合不显得生硬突兀,圜丘和祈年殿达到完美统一。

圜丘成贞门

三座门

三座门位于成贞门西，连接圜丘坛、祈谷坛，昔年皇帝自斋宫东门出发南行，穿三座门至圜丘坛进行祭祀。三座门坐北朝南，绿琉璃瓦歇山顶，门洞3座，正门及侧门均有门簪4个，现6扇门均无，墙高5.7米，檐高6.65米，下肩高1.3米，正门框内口宽4.44米，上槛至下槛5米。

圜丘祀典

祭天是中国古人尊崇神明的崇拜行为，历史源远流长，相传远古时黄帝"封禅天地"，颛顼"排列诸神"，尧"乃命羲和、钦若昊天"。黄帝、颛顼、尧都是原始部落联盟的领袖，他们举办祭天活动以表达他们对上天的崇敬，也是为了增进各个原始部落之间的团结，确立自己的领袖地位。国家制度确立后，祭天成为统治者奉行不悖的大典。西周时祭天典礼"礼仪大备"，形式渐趋规范。秦汉以后，历代封建帝王以"王者，父天母地，为天之子"为政治理念，以"敬天礼地"为己任，各朝皆建祭坛于"国之阳"，用于举行祭天典礼。每届祭期，皇帝或亲诣、或遣官恭代至祭坛，设玉、帛、果、蔬、笾、豆、牲、牢，备燎柴，焚香烛，礼祭皇天上帝，以禳灾祈福。

明朝初年，朱元璋即主持制定了明朝的祭祀礼制，规定每年定期举办祭天活动。明清时期，圜丘祭天典礼计有"春正月天地合祀""孟夏常雩大祀""仲夏大雩大祀""冬至祭天大祀"，又有"升配""告祭"等祭祀活动。所有圜丘祭天典礼都由礼部主持，其余吏、户、礼、兵、刑、工各部及太常寺、光禄寺、鸿胪寺、钦天监、奉宸苑、内务府等众多部门也参与筹备实施。若皇帝亲祭，众多的王公大臣还要陪同祭祀。

按照明清两朝祀典规定，典礼内容包括"择吉日""题请""涤牲""省牲""演礼""斋戒""上香""视笾豆""视牲""行礼""庆成"等多项仪程，过程冗长，礼仪繁缛，耗费极大的人力物力。古代帝王就是用靡费之巨、声势之浩大来表达"礼莫大于敬天"的政治理念。

祭祀大典举行之前一个月，参加祭祀的乐舞生先要在天坛神乐署凝禧殿演习礼乐，而此前未参加过祭祀的官员也要赴凝禧殿学习礼仪。祀前7日皇帝亲自或遣官赴天坛牺牲所省牲，挑选祭祀用牲只。祀前3日礼部官员在乾清门安置黄案，摆放斋戒铜人，皇帝及所有在京官员均开始斋戒。祀前2日，太常寺、光禄寺、鸿胪寺官员监督执事人员在宰牲亭击杀牺牲，制作祭品，依次展摆于神厨。祀前1日皇帝乘御辇排大驾卤簿自紫禁城赴天坛，到天坛门外皇帝下御辇改乘礼舆赴皇穹宇或皇乾殿上香，再赴神厨举行视笾豆仪式，即检查祭祀供品，然后入住斋宫。祀日凌晨前，斋宫鸣钟，皇帝出，诣坛就位。日出前七刻，大典仪式正式开始，燔柴炉点火，乐生演奏中和韶乐，皇帝升坛，拜祭皇天上帝，奠玉帛，典俎，武功舞舞生、文德武舞生排成八佾，跳武功舞、文德舞，皇帝行三献礼，读祝官宣读祝文，酌醴齐，皇帝饮福受胙，之后撤馔官撤笾豆，赞礼官唱送神，奏中和韶乐，皇帝拜退，降坛，太常寺卿再唱赞礼，皇帝再次升坛，拜祭配祀神主，分献官拜祭从祀神主，仍行三献礼，礼毕，皇帝率百官至望燎位，行望燎礼。礼毕，皇帝还宫，摆庆成宴，大宴群臣以示庆贺。

圜丘祭天典礼各项仪程均沿袭自西周初年周公所定祭祀制度，首举于明永乐二十一年（1423年），经清初顺、康、雍三朝不断充实完善，至清乾隆朝达到最完备的阶段。清顺治皇帝冬至祭天，必"亲诣躬行"。康熙皇帝在位61载，冬至亲祭40多次。皇帝因有事或有病不能亲祭的也要派遣官员恭行代祭。

清乾隆朝圜丘祀典的各项礼仪制度完备，规模宏大，场面隆重。乾隆帝在位60年中，亲自到圜丘行礼59次，孟夏到圜丘行常雩礼38次，躬亲祭天超过历代帝王，典礼的烦琐隆重也非前代可比。为了表示虔诚，乾隆皇帝中青年时常从紫禁城步行至天坛举行祭典，年逾花甲之后精力减退，不堪徒步，曾命大学士、礼部酌减礼仪，但仍然坚持每次祭天都亲诣行礼，并告诫臣子"敬天报本，不可疏略"。乾隆以后各朝"郊礼各仪节，悉遵高宗旧制"。

圜丘大祀是中国古代最为重要的祀典，明清两朝都将其列为国家最高等级的国之大祀。祭祀礼仪繁缛，过程冗长，体现了国家大祀典礼的庄重、威严，突出了君权神授、皇权至上的政治特色。尽管如此，它还是反映了人们对天的尊重、敬畏，体现了人们憧憬着人与自然和谐相处的诉求，表达了人们向往美好，追求幸福的理想。

冬至大祀

冬至又称"长至"，中国古人认为"日冬至则一阴下藏，一阳上舒"，所谓"一阳资始"。西周初年，周公辅成王，制礼作乐，规定"冬至日祭天于地上之圜丘"，从此，中国古代许多朝代都以冬至日为大祀吉期，举行祭天大典。

西汉末年，王莽改天地分祀为合祀，以后隋、唐、宋、元等朝都举行天地合祀。北宋元丰年间、绍圣年间、政和年间，朝臣曾几度议罢合祀，改以冬至祭天，议未成而北宋即为金所亡。元代元成宗于元大都建南郊以冬至日祭天，但至元泰定年间又改行合祀。明洪武元年（1368年），朱元璋改行天地分祀，定冬至日祀昊天上帝，洪武十年（1377年）朱元璋又改行合祀，并钦定"为永制"。嘉靖九年（1530年），嘉靖皇帝以"斟酌古法，整正旧章"为己任，称"二至分祀，万代不易之礼"。当时夏言即奏请嘉靖皇帝实行天地分祀，建圜丘以举冬至大祀，嘉靖皇帝于是决定"尊皇祖旧制，祭于坛，以二至日行事"。夏言称嘉靖皇帝改祀制之举为南郊合祀，"循袭已久，朱子所谓千六百年无人整理，而陛下独破千古之谬，一旦举行，诚可谓建诸天地而不悖者也"。

明嘉靖九年（1530年）冬至日，嘉靖皇帝亲率百官到新建圜丘举行祭天大典，奉明太祖朱元璋（洪武皇帝）配享，并以岳、镇、海、渎、大明、夜明、风、云、雷、雨诸神从祀，自此奠定了天坛冬至大祀制度。

明朝冬至祀天仪程为先期散斋4日、致斋3日。祀前2日，皇帝亲自或遣官省牲。祀日，皇帝诣坛就位，举燔柴，奏中和韶乐，皇帝晋圭、盥手、脱手、出圭、升坛，拜祭皇天上帝，奠玉帛，典俎，行三献礼，舞八佾，宣读祝文，酌醴齐，皇帝饮福受胙，之后撤馔官撤笾豆，赞礼官唱"送神"，中和韶乐奏"安和之曲"，皇帝拜退，降坛，太常寺卿再唱"赞礼"，皇帝再次升坛，拜祭配祀神主，分献官拜祭从祀神主，仍行三献礼，礼毕，皇帝率百官至望燎位，行望燎礼。

清朝沿袭了明朝旧制，实行天地分祀，清顺治皇帝规定：历代先帝皆配享于圜丘。故清前期每位大行皇帝神主都陈设于圜丘，配享上帝。清道光三十年（1850年），道光皇帝病故，临终遗命罢增配享。清咸丰皇帝集群臣议后，仍奉道光皇帝配享，但一并规定"日后郊祀配位，定为三祖五宗，永为恒式"。以后，圜丘祭祀一直设八个配位，即清高祖、太祖、世祖、圣祖、世宗、高宗、文宗、宣宗。

清朝冬至祭祀仪程与明朝大致相同，先期视牲、演礼于凝禧殿，前3日，皇帝着祭服，备醴、酒、果至太庙请神主，太常寺进铜人，百官誓戒，皇帝阅祝版于中和殿，皇帝于紫禁城内斋宫斋戒。前1日，皇帝诣坛，至皇穹宇上香，至神库视笾豆，至神厨视牲，祀日，日出前七刻，皇帝诣坛，至幄次更换祭服，进左棂星门，至拜位，典仪唱赞，举燔柴，中和韶乐奏《始平之章》，皇帝升坛，上香，奠玉帛，进俎，进爵，皇帝行三献礼，为初献、亚献、终献，乐舞生舞文德舞、武功舞，三献毕，读祝官宣读祝文，皇帝饮福受胙，撤馔，皇帝拜退，赞礼官再唱赞，皇帝再升坛，依次拜祭配位神主，行三献礼，分献官诣从位，依次拜祭，礼毕，皇帝率百官诣望燎位，行望燎礼，还幄次。皇帝更衣毕，赞引官、对引官恭导皇帝出昭亨门东门，至升辇处。皇帝升辇还宫。嘉庆九年（1804年）以后改出广利门还宫；嘉庆二十年（1815年）以后改由三座门出内西天门还宫。

清乾隆四十四年（1779年），冬至祀天，乾隆皇帝亲诣行礼，加派皇子行奠帛、进俎、献爵礼。

清乾隆六十年（1795年）规定：冬至前1日，皇太子随皇帝诣皇穹宇门外行礼。皇帝诣皇穹宇拈香时，皇太子随皇帝升阶；皇帝入皇穹宇殿内拈香行礼，皇太子在殿门槛外阶上，随皇帝行礼（用金黄缎拜褥）。

1914年12月23日，时值冬至，当时担任中华民国大总统的袁世凯携政府官员在圜丘举行了中国历史上最后一次祭天大典。袁世凯死后，中华民国政府停止举行祭天典礼，中国历史上持续三千多年的国家祭祀制度也就此终止。

袁世凯祭天

雩祀

雩祀为祈求风调雨顺的祭祀。明清圜丘雩祀有孟夏常雩及仲夏大雩两种。

雩祀为中国古代祈求雨水的祭祀典礼，源于上古时期，成书于春秋时期的《礼记》中即有雩祀的记载，汉代郑玄称："雩，吁嗟求雨之祭也。"东汉时雩祀被列为国家祀典，以后许多的朝代也都把雩祀列为国家祀典。

明朝初年，遇有水、旱灾害，国家即举行雩祀。当时雩祀并无固定地点，有时在宫内空地举行，有时在奉天殿举行，如灾害严重则在山川坛举行。在山川坛举行雩祀时，皇帝素服草履，步行至坛，当夜即露宿于坛侧，次日举行祭祀。明宣德皇帝朱瞻基曾作《闵旱诗》用于雩祀，借以祈雨。

明嘉靖八年（1529年），天大旱，嘉靖皇亲率百官在大祀殿举行祈雨大典，文武百官随同参与，武官四品以上，文官五品以上陪祀于大祀门外，其余官员陪祀于南天门外。

明嘉靖十一年（1532年），天坛崇雩坛建成，嘉靖十七年（1538年）嘉靖皇帝亲祭崇雩坛，典礼十分隆重。祀典后，嘉靖皇帝提出："祷雨乃修省事，不同全仪，不奉祖配。"从此，明朝雩祀礼仪程序大为简化，也不再设配享神位。嘉靖朝以后，崇雩坛废，雩祀改为在神祇坛或圜丘举行。

明朝雩祀礼仪程：

前期4日，太常寺奏请祭祀，命百官致斋3日。

前期2日，太常卿同光禄卿奏省牲，次日向皇帝复命。

前期1日，皇帝亲填祝版于文华殿，然后告于太庙，如祈谷之仪。

正祭日，皇帝乘舆至昭亨门西降舆，过门东，再乘舆至崇雩坛门（圜丘为昭亨门内）西降舆，导引官导至帷幕内，换祭服出，导引官再导皇帝至祭坛棂星门内，内赞对引官引导皇帝至拜位行礼，仪程与祈谷典礼仪程相同。礼毕，皇帝至帷幕内易服，驾还，仍到太庙参拜，礼毕回宫。

明朝雩祀祝文并无规定格式，祀时则临时撰文。

明万历十三年（1585年），天大旱，万历皇帝朱翊钧亲祷郊坛祈雨，弃辇步行，制有步祷仪，程序如下：

前期1日，皇帝具青服以恭诣南郊祈祷，预告于奉先殿。太常寺进祝版，皇帝亲填御名讫，太常寺博士捧出安于祝版亭内，由锦衣卫抬至南郊神库奉安。

太常寺预设酒果脯醢香帛于圜丘，1头牛，熟荐，设上拜位于坛墥正中。锦衣卫随朝驾，不除道。

正祭日免朝。黎明，皇帝具青服御皇极门，太常寺官跪奏请圣驾诣圜丘，皇帝起步行，护驾侍卫并导驾侍班、翰林科道等官如常仪。百官各青衣角带，恭候于大明门外。内阁、礼部、太常寺近前，其余文官列东，武官列西，各照常朝班行序立。皇帝驾至，鱼贯前导，卑者在前，崇者在后，缘道两旁，离御路稍远，文武两班就中各自为对，至昭亨门，照前序立候驾。监礼、御史等官如常仪。鸿胪寺仍委序班10余人，整肃班行，不许喧哗越次。

至昭亨门，导引官导皇帝至左棂星门外幄次少憩。礼部尚书、侍郎、太常寺卿、少卿跪奏皇帝诣坛位，内赞、对引官导皇帝行。典仪唱执事官各司其事，内赞奏就位，皇帝至拜位，典仪唱迎神、内赞奏升坛，导皇帝至香案前，奏跪，奏上香，皇帝三上香，毕，奏复位，奏四拜（传赞，百官同）。典仪唱奠帛，行初献礼，内赞奏升坛，导皇帝至神御前，奏献帛，毕，奏献爵，毕，奏诣读祝位，奏跪（传赞，百官皆跪），赞读祝毕，奏俯伏、兴、平身（传赞，百官同），奏复位。典仪唱"行亚献礼"，内赞奏升坛，导皇帝至神御前，奏献爵，毕，奏复位。典仪唱"行终献礼"，仪同亚献。典仪唱送神，内赞奏四拜（传赞百官同）。典仪唱"读祝官捧祝，进帛官捧帛，各诣燎位"。内赞奏礼毕，导引官导皇帝出，至幄次少憩，皇帝还，仍回到奉先殿参拜。

万历皇帝是明朝在位时间最长的一位皇帝，临朝达48年，而其之不勤政，对祭祀之怠懈在中国古代君主中也极为罕见，其在位期间亲自祭祀仅数次，上述祭祀是他唯一的一次圜丘求雨大祀。

清初沿袭明朝祭祀制度，以天旱举雩祀。清顺治十四年（1657年）天大旱，顺治皇帝亲自率百官祈雨于圜丘。大祀前，顺治皇帝斋戒3日，并禁止屠宰，罢刑名。祭日，顺治皇帝素服，徒步从紫禁城往天坛，沿途不除道，不摆设卤簿。祭祀时祭坛陈设酒、果、香灯，祝文，帛及熟牛脯醢。行礼过程中，不举行饮福受胙礼，中和韶乐设而不做，坛上也不设配位。其余仪程均与冬至大祀相同。以后，清廷遇旱灾，多在天坛举行雩祀。

清乾隆七年（1742年）徐以升奏请重建雩坛，并将雩祀列为常祀，即每年照例举行。乾隆皇帝让礼臣集议雩祀之事，众多礼臣于是请乾隆皇帝以"孟夏行常雩"。乾隆皇帝采纳了礼臣的建议，决定每年夏初"龙见而雩"，即"常雩"。乾隆皇帝还决定"常雩"在天坛圜丘举行，礼仪与冬至大祀相同。如遇大旱，则于仲夏时举大雩礼。大雩礼不设配位，只设从位，行礼时不进俎，不用登、铏、簋、簠，设6个笾，6个豆，不举行饮福受胙，不燔柴，也不设馔桌、福胙桌。

清代从乾隆朝开始将常雩、大雩均列为大祀。常雩择每年四月"龙见之日"在天坛圜丘举行，大雩则岁旱举行。

清乾隆七年（1742年）规定：每岁巳月择龙见日行常雩礼，祀皇天上帝于圜丘，奉列圣配享，四从坛从祀。前期奏请皇帝亲诣行礼或遣亲王行事。嘉庆十三年（1808年）后定，以近支亲王代皇帝行礼。

清嘉庆十八年（1813年）四月十五日，内阁奉上谕："《春秋传》称'龙见而雩'，考古雩祀权舆于此。清乾隆七年议，于孟夏龙见择日行常雩礼。其义以苍龙宿见东方，则为百谷祈膏雨占星之法，总以节候为准，非以孟夏朔日为断也。此年钦天监所择日期在立夏节前后不齐，殊于古义未协。嗣后，常雩大祀，著钦天监定于立夏节后数日内蠲吉行礼。其立夏节如在三月以内，则择于四月初行礼。著为令。其明年常雩祀期，著钦天监查明，如原定在立夏节以前，即改择吉日。奏准颁行。"清嘉庆十八年（1813年）后，总以立夏后蠲吉行礼。

祀前3日，皇帝敕谕："陪祀王公、文武大臣官员及执事人等，兹以某月日恭祀皇天上帝祇秩常雩。惟尔群臣，其蠲乃心，齐乃志，各扬其职。敢或不共，国有常刑。钦哉勿怠！"各项斋戒事宜皆遵循祭天通例。

行常雩礼使用物品：上帝位用天青制帛1端，列圣配位用白色奉先制帛7端。其木柴共用2005斤。冰160块。果品、牲只、香蜡、酒盐各数目，均与冬至大祀同。

告祭

明清时期遇到皇帝登基，上尊号、徽号，祈庙，郊祀，万寿节、册立皇太子、册立皇后、追尊先皇谥号、庙号以及皇帝亲征、重大任免事宜、重大修缮工程，往往要在天坛举行祭祀活动，礼拜皇天上帝，这种非常例的祭祀活动称为告祭。

明清告祭形式不拘一格，或皇帝亲自行礼，或遣官恭代，陈设也形式不一，一些重要的告祭活动异常隆重，排卤簿仪仗，文武百官陪祀，举燔柴，行三献礼，奏中和韶乐，舞八佾，皇帝亲自宣读祝文行三跪九叩大礼。有些告祭又一切从简，皇帝只选派大臣轻车简从，择定吉日，焚香告祝，恭献制帛，陈设也极其简单，仅设皇天上帝神主，不置配位，不进俎，不饮福受胙，也不举行三献礼。

清顺治元年（1644年）十月初一，顺治皇帝"以定鼎燕京"告祭于圜丘，清廷亲王以下文武官员皆参加告祭，皇帝摆仪仗卤簿前导至坛献玉帛香玄酒，年仅6岁的顺治皇帝，亲自宣告祝文："大清国皇帝福临敢昭告于皇天后土，帝鉴无私，眷隆有德，我皇祖宠膺天命，肇造东土，建立丕基，及皇考开山承家恢弘大业，臣以眇躬赞兹鸿绪，值明年祚将终，奸雄蜂起，以至生灵涂炭，俊望来苏，臣钦承祖宗功德。倚任贤亲，爰整六师，救民水火，扫除暴虐，抚揖黎元，内外同心，大勋克集，因兹定鼎燕京，以绥中国臣工众庶，祲云神助，不可违，舆情不可负，宜登大位，表正万邦，臣祇荷天眷，以顺民情，于本年十月初一日告天，仍用大清国号，顺治元年，率由初制，伏惟天地佑助，早靖祸乱，载戢干戈，九州悉平，登进仁寿，俾我大清皇图永固，为此祈祷，伏惟歆享。"

告祭后,福临宣布登基即皇帝位,成为清朝的第3位皇帝,以后顺治皇帝多次在天坛举行告祭活动。

清康熙皇帝也曾多次至圜丘告祭,康熙二十六年(1687年)十二月初一,康熙皇帝以为祖母孝庄文皇后患重病,自率百官从紫禁城步行至圜丘坛告祭,康熙皇帝亲自宣读祝文"呼皇考伏恳悯念笃诚,立重昭鉴,遐筭长延",并称"若大数或穷,愿减臣玄烨龄异增太皇太后数年之寿"。康熙皇帝对祖母孝庄文皇太后的孝敬之情溢于言表,令陪祀大臣无不动容。

自1644年清朝确立对中国的统治至1912年2月清朝末代皇帝溥仪宣布退位,清朝皇帝曾多次在圜丘举行告祭典礼。

清代郊祀图

孟春祈谷——祈谷坛

祈谷坛位于天坛内坛北部,与圜丘坛仅一墙之隔,南北相望。

历史沿革

祈谷坛建于明永乐十八年(1420年),初为大祀殿。永乐十四年(1416年)大举兴工营建北京坛庙宫殿,择地

祈谷坛全景

于皇城东南方丙位建天地坛。永乐十八年（1420年），天地坛建成。大祀殿是天地坛的主体建筑。史书载：大祀殿面阔九楹，砖木混做，三重基，重檐庑殿顶，形制一如南京，唯高敞壮丽过之。永乐十九年（1421年）春正月，朱棣亲率百官于大祀殿合祀昊天上帝、皇地祇，以朱元璋配享，岳镇海渎，日月星辰及风云雷雨诸神从祀。

明嘉靖十九年（1540年），朱厚熜诏撤大祀殿，即其址建大享殿，用于举办明堂大享礼。嘉靖二十四年（1545年），大享殿成。大享殿为明堂式建筑，由朱厚熜亲自制作具像，建筑形制为圆形三重檐攒尖顶，三重檐琉璃瓦色分别为蓝黄绿三色，象征着天、地、

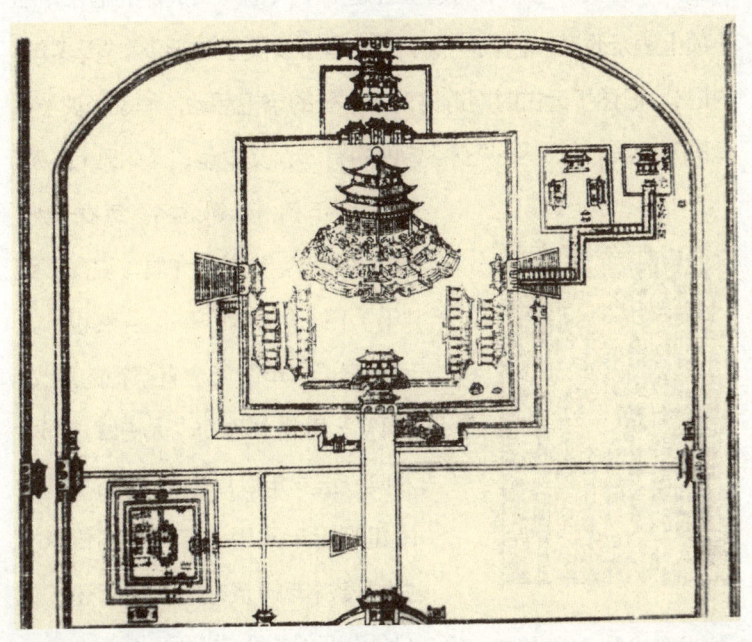

明大享殿图

人。大享殿屋12楹，南向。殿座3重，为圆形白石须弥座，环以汉白玉龙凤云石雕望柱围栏。大享殿建设工期历经5年，靡费巨大，建成之后，明堂秋享礼却改在中南海内举办，大享殿遂弃而不用，直至明末，崇祯皇帝定每年孟春上辛日在大享殿举行祈谷礼。

清顺治二年（1645年），清世祖顺治皇帝诏以大享殿为祈谷坛，规定每年的正月上辛日在大享殿举行祈谷大典。

清乾隆十六年（1751年），乾隆皇帝诏改大享殿为祈年殿，大享殿的上青、中黄、下绿三色覆瓦也统一改为青色琉璃瓦。"年"本意为谷熟，祈年殿的命名表达了中国祭天典礼"重农"的思想内涵。甲骨文"年"字的造型就是一个人把一束成熟的稻谷举在头顶上表示收获。商代甲骨卜辞中有不少关于"祈年""受黍年"的记载，记述了远古时期祈祷五谷丰登的祭祀活动。儒家经典《谷梁传》记录"年"称："五谷皆熟为有年，又岁也。"《尔雅·释天》疏称："年者，禾熟之名。每岁一熟，故以为岁名。"东汉许慎《说文》记"年"曰："年本作秊。谷熟也。从禾千声。""年"又含有祭祀的意义，《周礼·春官》称为"太史掌建邦之六典，正岁年以序事"。祈谷坛的主体建筑祈年殿用"年"命名传承了中国最古老的祭祀制度，阐述了人们企盼五谷丰登的诉求。

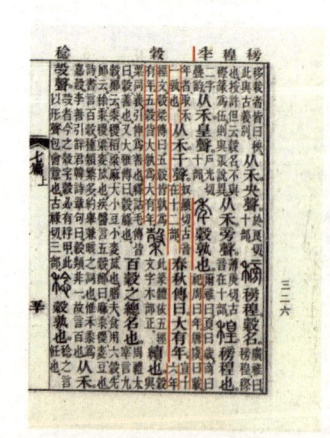

《说文解字》"年"条影印

建筑概况

祈谷坛建筑群包括祈年殿、丹陛桥、长廊、神厨、宰牲亭等。其中祈年殿是祈谷坛的主体建筑,是中国传统建筑的典范,也是古都北京的标志。

祈谷坛砖门

祈谷坛正南及东、西向各设砖门,型式为砖制三孔拱券门。

祈谷坛南砖门为祈谷坛正门,四面坡庑殿顶,绿琉璃瓦,砖石仿木五踩斗拱,金龙和玺彩画。南砖门五间三孔,两梢间为假间,面阔27.48米,进深9.6米,涂红墙身,青砖下肩,水泥砖石地面。三孔门洞中间一孔最大,为神舆出入之门,左门为皇帝出入之门,右门系陪祀王公大臣出入之门。左右门制稍小于中门。

祈谷坛东、西砖门规制皆逊于南砖门,两门俱绿瓦歇山顶,五间三孔,饰绘旋子彩画,余皆同于南砖门。东砖门是祭祀供品

圜丘坛供品廊遗址

进入之门，门外接有七十二联房，又称长廊，连通神厨院、宰牲亭。西砖门为祭祀执事人员出入之门，门外接有月台，有礓磜接缀祭祀路。

燔柴炉 瘞坎 燎炉

祈谷坛燔柴炉位于祈谷坛南砖门内，祈年门东南方，始建于清顺治二年（1645年），是祈谷大典举行燔柴礼时用于焚烧献给皇天上帝供品的建筑。燔柴炉制圆，绿色琉璃成造，炉基如须弥座，炉体高达2.85米。炉台圆形，径3.4米，炉膛径2.3米，膛甚大，深逾2米，炉膛壁北向开户，为燃烧口，炉壁搪以青灰，膛下枕以铁骨，为遗灰烬之用。燔柴炉东、西、南三向设阶，各有九级。

瘞坎在燔柴炉之东，为瘞埋牺牲毛血之处，故又称毛血池，

祈谷坛祭祀路

亦建于清顺治二年（1645年）。瘗坎以绿色琉璃砖环砌而成，圆形，高不逾尺，中有圆池，深入地表逾0.5米，池径0.85米，池面光滑洁净。1974年祈年殿院内地面整修，在原地表的基础上铺墁了一层水泥方砖，由于地表抬高，当时将瘗坎埋在了水泥墁砖之下。1990年进行发掘，挖出瘗坎旧址，遂按原式恢复，同时将诸燎炉一并恢复。

燎炉位于瘗坎东北方向，专门用以焚烧祭天时配位前所供奉的供品，距离燔柴炉最近的燎炉用来焚烧供奉给太祖努尔哈赤神位的供品，而后依次按顺序向东北排列。祈谷坛按清咸丰朝规制（即清咸丰朝时规定祈谷坛供奉自努尔哈赤到道光的清朝前8代皇帝）共设8个燎炉。燎炉由生铁铸造，镂空6足。燎炉上径1.5米，下径1米，通高1.22米，足高0.26米。燎炉下设有石座，为4

圜丘燎炉

瓣白石拼合而成。

花甲门

花甲门在祈谷坛南砖门外西柴禾栏西垣，骑墙而建，砖座，歇山顶，颇为壮观。花甲门建于清乾隆三十七年（1772年），为乾隆皇帝所建。因乾隆皇帝的规定，此门为皇帝年届花甲后祭祀祈谷坛出入之门，故名花甲门。

祈谷大典前1日，皇帝由大驾卤簿御送，自紫禁城出发，乘玉辇（今陈于祈年门内）入天坛祈谷坛门（今天坛西门），经西天门走林间大道行至丹陛桥西侧降辇，然后步行至祈谷坛南砖门，经过祈年门至皇乾殿行拈香礼，然后视牲看牲，阅视坛位、笾豆，所有礼仪行过之后，皇帝出西砖门，宿天坛斋宫，虔心静气等待祭祀时刻。祭祀当日，皇帝从斋宫出发，乘礼舆（规格比玉辇小，以示来到天坛降低地位成为天的儿子）至丹陛桥南端西侧，步行至祭坛行礼。乾隆三十七年（1772年），乾隆皇帝年逾62岁，已过花甲之年，烦琐的礼仪使他身心疲惫，于是有大臣请旨，提出将繁多仪程稍做更改，以减少皇帝步履。乾隆皇帝遂降谕旨："朕御极以来，夙夜孜孜，惟以敬天报本为念，每届郊坛大祀，必躬亲昭事，用展悃诚，三十七年于兹，未敢稍懈……今自念春秋已越六旬，其于动容周旋，差不能及前此之从容中节……第思敬意所持，贵乎内外交养，苦精力过劳，恐心志转未能纯一，与其拘于行走末节，弗克致其寅恭，且或因此而惮于亲诣。何如酌损步陟繁文，得专于升馨告备时……所有升级次数及降辇步行之远近，无关大体诸仪节，应如何酌定合宜之处，着大学士会同各该衙门

祈谷坛花甲门

敬谨详悉，妥议具奏。"大学士会同各主管衙门大臣协商的结果是在祈谷坛南砖门外再开一门，"凡祈谷，前一日皇上莅斋宫，乘辇入西天门，于斋宫东御礼轿至西砖城左门间降辇，步入琉璃左门，诣皇乾殿上香。礼成，出至降舆处升舆，还斋宫。祀之日，有司先设幄次于祈年门东间。皇上自斋宫乘辇，至东北甬道适中处，御礼轿由新设门入，至南砖城门外神道西阶上降舆，由砖城左门步入，就幄次。自祈年左门入，行礼，礼成出，至降舆处升舆，还宫"。

"新设门"即为"花甲门"，上香礼仪经修改后皇帝不需再经丹陛桥进入祈谷坛，皇帝御轿经花甲门登阶，轿落南砖门门外，皇帝遂步履进入祈谷坛。如此设计为皇帝诣皇乾殿上香节省了许多步履。

祈年门

南砖门内为祈年门。祈年门建于明永乐十八年（1420年），为祈谷坛仪门，坐于祈年殿南。祈年门是大祀殿唯一历史遗存，初称大祀门，后改为大享门，清乾隆十六年（1751年）经乾隆皇帝钦定为祈年门。其制为四面坡庑殿顶，崇基5开间，顶覆蓝色琉璃，架以单翘单昂五踩斗拱。明间脊枋悬金龙透雕华带匾，青地金书"祈年门"。祈年门明间、次间皆设以门，门上有楣，门下设槛，门扉朱红，饰兽面门钹、门钉，皆镏以金，纵横各9排。祈年门梢间为皇帝祀前停歇处，有时亦将具服幄次设于该处。

祈年门门基为白石须弥座，绕以汉白玉石栏，前后三出陛，中陛间俱枕云纹雕石，四角出螭首。环须弥座有石槽，为导雨水之用。

祈年门

祈年殿

祈年殿

祈年殿是祈谷坛的主体建筑，也是北京的标志性建筑，建于明永乐十八年（1420年）。

祈年殿上屋下坛，高大巍峨，殿高32米，三重檐圆形攒尖大木结构，斗拱支架，覆蓝色琉璃筒瓦，攒尖顶置镏金宝顶。上重檐下南向悬挂九龙华带"祈年殿"金匾。祈年殿圆形穹顶为贴金龙凤藻井，分为上中下3层，层层收缩，叠落起来形成穹隆，斗拱凭榫卯支于圆穹内壁，正中金色龙凤雕饰，高高突起的龙头和凤首，栩栩如生的龙身和凤羽，衬托出天宇的崇高伟大，具有极强的装饰效果。其"外檐十二柱檐，内十二金柱，中四龙井柱，合为二十八柱"，与中国古代西周、汉、唐明堂"法四时，法十二辰，法二十四气"的特征相符，四龙井柱象征春、夏、秋、冬四季，十二金柱象征一年的 12 个月；十二檐柱象征一天 12 个时辰；檐柱、金柱共二十四柱象征二十四节气，加上四龙井柱共二十八柱象征周天二十八星宿。二十八星宿是古人把观测到的恒星分为 28 组，通过这些恒星出没和位置变换的规律来判断季节的变化以用于农业生产。二十八柱加上梁上的 8 根童柱，合计三十六柱，象征三十六天罡。祈年殿殿柱的构成及数字设计反映了中国古代的天文天象学的成就，凝聚了古人对风调雨顺、五谷丰登的期盼。也清楚地梳理出了祈年殿的历史渊源。

祈年殿内外均饰龙凤和玺彩画。环十二楹，南向 3 间开门，余建蓝色琉璃槛墙，上架朱漆隔扇窗。

祈年殿地面用艾叶青石铺墁，中心为圆形大理石，石上墨色纹理天然勾画出龙凤图案，龙纹色深，角、须、爪、尾俱全，凤纹色浅，凤头、羽翅、尾翎隐约可见，惟妙惟肖，称为"龙凤石"，与藻井上的龙凤相呼应，天然成趣。环龙凤石俱铺青石，状如扇形，共 9 重。殿内北侧设石须弥座，正中是象征神权的雕龙宝座，宝座后护雕金龙屏风，宝座中神位，青地金书"皇天上帝"，满汉合璧。石须弥座环以朱栏，南向设三出陛，每陛出阶 5 级，石座左右又设石坪，较石座低，上面供奉配祀神主即皇帝列祖列宗的神位。每年的正月上辛日，皇帝率领王公大臣、文武百官到祈年殿举行祈谷大典，称为"孟春祈谷"。祈谷大典是明清两朝仅次于圜丘大祀的最高等级祀典，一切神位供奉、祭器、祭品的陈设都严格体现了封建帝王"尊天敬祖"的意愿，遵循着极其严格的等级规定。

现祈年殿内按照清代咸丰朝历史原貌陈列，即正中陈列皇天

祈年殿祭祀陈设

上帝神位,两侧陈列皇帝列祖列宗配位。正位、配位前均设笾豆案,上陈列爵、登、笾、豆、簠、簋、尊、篚等祭器,内盛放敬献给皇天上帝及列祖列宗的各类供品。笾豆案上还有软金丝灯、青羊角鱿灯各2座。正位前还设祝版案、香帛案,东西配位前各设馔桌(上设馔盘)、尊桌(上设尊)。石须弥座台阶两侧有庙灯,神位前设红纸插灯。

祈年殿三层基座为汉白玉圆形须弥座石台,石台高约5.2米,上层径约68米,中层径约80米,下层径约91米,各层皆绕以石栏,上层石栏望柱饰以盘龙,螭首出水;中层石栏望柱饰以翔凤,凤首出水;下层石栏望柱饰以朵云,云纹出。石坛南北向各三出陛,东西向各一出陛,每层出陛设9级石阶,南北向中陛间有3帧巨大的汉白玉石雕御路,上层御路雕刻龙纹,中层御路雕

祭蓝釉双龙馔盘　　　祭蓝釉瓷尊　　　　　　篚

刻凤纹，下层御路雕刻山海云纹，刻制精美，是中国古代建筑石刻的艺术珍品。

皇乾殿

皇乾殿位于祈年殿北，是日常供奉祈谷坛祭祀皇天上帝神版及配祀皇帝神主的殿宇。清代祀典规定，逢朔、望日，太常寺奉祀官员要至皇乾殿上香扫尘表达恭敬。祀前1日，皇帝亲至皇乾殿拈香行礼。祈谷大典举行当日，皇天上帝神版及配祀皇帝神主被奉请至龙亭内由校尉抬入祈年殿享祭。

皇乾殿初建成于明永乐十八年十二月（1421年2月），当时为天地坛天库。明嘉靖二十四年（1545年）重建，改为皇乾殿。

祭兰釉刻花瓷簋　　　祭蓝釉瓷豆　　　　祭蓝釉瓷爵

皇乾殿四面坡庑殿蓝色琉璃瓦顶，重昂五踩斗拱，面阔5间，宽29.21米，进深3间，深10.5米。前檐明间设四抹棱花隔扇门，门上悬九龙华带金匾，匾青地金书"皇乾殿"，传为明嘉靖皇帝御笔。次间、梢间设槛墙，上架棱花窗，后檐及山墙墙面涂红，下肩干摆青砖。皇乾殿殿内正中为白石须弥石座，雕镂精致，高逾1.57米。须弥座南向一出陛，石阶9级。上陈青色神龛，龛前9级木阶级，龛中供奉皇天上帝神版，为青地金书，满汉合璧神主，后护雕金龙屏风。前设香案，上列铜五供，即香炉一、烛台二、提尊二，烛台上插红烛宝蜡，提尊内插泥金木灵芝。皇天上帝左右石座各四，是供奉配祀清朝皇帝列祖列宗的牌位，牌位供奉在金龙神龛内，牌位按照昭穆制度排序，单数为昭，双数为穆，《礼记》有"昭穆者，所以别父子、远近、长幼、亲疏之序而无乱也"

皇乾殿

皇乾殿正位

皇乾殿内配位陈设

的记载。

　　皇乾殿单独设垣，垣内地面城砖海墁，南向、西向设门。南门3座，俱砖座为歇山顶，覆蓝瓦，装饰琉璃彩画。门楣有簪，门扇饰兽面、门钉，皆沥以金。明代及清早期，皇帝于祀前1日到皇乾殿上香，出入皆经南门。清乾隆四十六年（1781年）在皇乾殿西垣又辟1门，为西角门。门外有砖基月台，月台西向有砖砌墁磴，接通祈年殿西柏林中舆路。

　　西角门又称古稀门，因清乾隆四十六年（1781年）乾隆皇帝年逾古稀，按祭祀的礼仪规定，祀前1日皇帝要步行至皇乾殿上香，如入祈年殿南砖门赴皇乾殿距离较远，以乾隆皇帝七旬高龄之躯行走不免艰难，为节约步履，故诏建西角门，皇帝至皇乾殿上香可于西角门外落轿，经西角门至皇乾殿行上香礼。为防后世子孙因此懈怠礼仪，乾隆皇帝特别规定：只有皇帝年逾七旬才可经西角门进入皇乾殿上香，故西角门又名古稀门。

祈谷坛古稀门

祈年殿配殿

祈年殿前东西有配殿，各9间。明大祀殿时，东西配殿各为前后两庑，有廊庑与大祀殿相通，明世宗建大享殿时将廊庑拆除，仅留一段墙垣与大享门连缀，今这段墙垣仍在，蓝色琉璃瓦顶，朱红墙身，青砖下肩。而配殿后庑已无遗迹可寻。

祈年殿东、西配殿俱为歇山顶大脊建筑，蓝色琉璃，斗拱支架，大点金旋子彩画，前檐出廊，通为隔扇门，后封护檐，墙身俱涂红，下肩青砖。殿下有砖座。东、西配殿南北设垂带踏跺，东配殿明间西向设垂带踏跺，西配殿明间东向设垂带踏跺，各9级。环砖座有石槽，为排雨水之用。

祈年殿配殿初为前后两排，前排9间，后排7间，原为明天地合祀时存放从祀牌位之用，清代一直闲置，清乾隆十六年（1751年），乾隆皇帝下令将后排7间配庑拆除。中华民国时期曾先后在配殿举办过宪法陈列展和祭祀礼器展。1990年后东、西配殿皆辟为展室。

长廊

长廊建于明永乐年间，为大祀殿同期建筑，在祈谷坛之东，呈曲尺形，连缀着祈谷坛东砖门与神厨院及宰牲亭。

祈年殿东配殿

祈年殿西配殿展览

长廊逶迤蜿蜒于柏树林之中，共72间，长293米，联檐通脊，施雅伍墨旋子彩画。旧时长廊有亮窗槛墙，式如房舍，故也称"七十二连房"。明清时期，长廊是运送祭祀供品的通道。中国古代礼仪规定，祭祀宰牲房，应距祭坛200步以外。因距离遥远，为避免供品被雨雪风沙所污，故建廊以为遮蔽。长廊起点宰牲亭，中间为神厨院，终点经东砖门至祈年殿东阶下。在东砖门内设幄次为廊，为祀前临时

长廊

添建,现还保留有部分柱石遗址。因宰杀后的牺牲经长廊送往神厨殿,制作成供品再经长廊送至祭坛,故长廊又名"供菜廊子"。

1937年,旧都文物整理实施事务处因天坛已非祭祀之所,且全面对公众开放,于是决定将七十二连房辟为游廊,兴工改造,将亮窗槛窗拆除,添加座凳,以利游人。改造中保留两间,以识其旧,并立记石,嵌于壁上,由文物整理实施事务处处长秦德纯撰文,其文曰:"按清乾隆《会典》记载,内壝东门外长廊七十二间,二十七间至神厨井亭,又四十五至宰牲亭,为祭时进俎豆避风雪之用。原式前设槛窗,后堵垣墙,年久失修,全部坍塌。此次重葺,本拟规重旧制,但于开放游览,经此修长路室,视履瑾塞,实足以沮游人观光兴味,兹仅转处照原式保留两间以供考证,余则悉为步廊，去其窗槛堵墙之阻，骋目左右，行止自由，仍可俯仰遗型，不失前代义法云尔。"1955年，复建为连房，辟为展室，用于举办各种展览活动。1977年，天坛重修长廊，再度将其辟为步廊。

神厨院

神厨院是明清时举行视笾豆典仪之所，由神库殿、神厨殿及甘泉井诸建筑组成。天坛有两座神厨院，一为祈谷坛神厨院，一为圜丘神厨院。

祈谷坛神厨院在祈年殿东，长廊迤北，为三合院，北为神库殿，东西为神厨殿，院门在南，与七十二连房相通。环诸殿有砖垣，垣不高但墙身涂红，顶覆绿瓦，周正端庄，影绰于翠柏浓荫之中。

神库殿是神厨院的正殿，旧时设笾豆案于殿内，祀前1日皇帝或亲至，或遣官至殿中举行视笾豆仪。殿坐北朝南，崇基，悬山绿琉璃瓦顶，五花山墙，5开间，面阔30.9米，进深3间，12.3米，明间南向有落地菱花隔扇，前设垂带踏跺，次、梢间皆双交方格隔扇窗。后檐粉墙，下肩青砖，白石台明。

神厨东殿即神厨殿，明清时为制作供品之所，明初天地坛时仅有东殿，嘉靖朝建大享殿时又增建了西殿，两殿俱崇基，悬山绿琉璃顶，五花山墙。神厨东殿比正殿稍阔，西殿比正殿稍狭，两殿后檐皆开有亮窗，余制皆与正殿同。

神厨北殿和东殿始建于明永乐年间，西殿为明嘉靖年添建，因嘉靖皇帝改大祀殿为大享殿，据明堂大享礼，奉天下神祇从祀于大享殿，仅北殿一处摆不下全部祭祀用笾豆，故添建西殿以方便举行视笾豆礼。

神厨殿前有古井，上覆以亭，为绿琉璃瓦六角盝顶井亭，井口甃白石，竖以井架，井深逾10米。旧时井水甘洌，时人谓其为"甘泉井"，祭祀时即用井水调制羹汤。清人王士禛有《竹枝词》记天坛甘泉井，诗曰："京师土脉少甘泉，顾渚春芽枉费煎，只有天坛石甃好，清波一勺卖千钱。"

神厨院中植有松柏多株，葱郁青翠，树荫满庭。院中余地皆墁以城砖，甚为规整。

2016年，神厨院辟为天坛文物展馆，展出天坛馆藏文物数百件，其中有皇帝玉玺、金册、字画及明代鎏金编钟等珍贵文物。

宰牲亭

宰牲亭在祈谷坛之东，位于长廊尽头，是准备祭祀用牺牲的地方，因旧时祭祀用牺牲不得用刀屠宰，只能以木器击杀，故宰牲亭也称"打牲亭"。

宰牲亭是一座绿瓦重檐歇山顶大殿，斗拱支架，施旋子彩画。大殿面阔5间，进深3间，明间、次间南向设隔扇门，梢间建槛窗，东西山墙辟亮窗。殿前设月台，南向设礓磜。月台前有井，白石井圈，为祭祀时汲水之处，井上覆六角盝顶琉璃瓦亭。

宰牲亭月台之右有过厅，连缀长廊，为悬山卷棚式建筑。

宰牲亭环以砖垣，院内地面皆海墁城砖。

宰牲亭东垣辟有砖门，门外植有白皮松、合欢诸种树木及大片草坪，该处原来有一座古井，为洗涤牺牲之处，20世纪80年代尚有遗石，今已尽没于草地深处难以辨识。

2015年，宰牲亭进行大修，大修过程中发现了古灶台遗址及漂牲池，遂按原状保留。现在宰牲亭已辟为展室，除历史遗迹展示外还有天坛石刻、古朝灯等文物展览。

丹陛桥

丹陛桥位于祈谷坛南砖门外，是一条长360米、宽30米，用城砖及白石砌成的连接圜丘和祈谷坛两坛的海墁大道。丹陛桥高出地表，北高南低，北端较南端高出4.5米，这种设计颇具匠心。丹陛桥南端是低缓开阔的圜丘，北端是宏伟高大的祈年殿。祈年殿通高38米，三重檐，三崇基，圜丘高6米，三层台，两组建筑高低悬殊，差别很大，丹陛桥由低渐高将两组建筑有机地结合起来，谐调了两座建筑巨大的高度及体量的差异，而圜丘北面的皇穹宇处于两座建筑之间，进一步缓冲了圜丘和祈年殿之间的空间及体量上的差异。皇穹宇的圆形围墙、回音壁北边的半弧形围墙更是神来之笔。成贞门位于弧形墙正中，北接丹陛桥，南连圜丘，而圆形的皇穹宇正处在弧形墙的凹进位置。圜丘、皇穹宇、成贞门、祈年殿几组建筑由丹陛桥连缀形成了绝佳的空间组合。

具服台

祈谷坛具服台位于丹陛桥中部东侧，为方形砖台。台坐东朝西，台面面积300余平方米，城砖铺墁，白条石台明。台西接丹陛桥，北、东、南三面设汉白玉石栏。

具服台是搭建皇帝更换祭服幄次的地方，清会典规定，祀前5日，委员会同工部督匠役搭盖幄次架木，支搭时由工部制造库

祈谷坛丹陛桥

官先期带领匠役，并会同太常寺看守官共同支搭，事毕后拆卸，仍照数收贮祭器库，再由太常寺转饬承办官将收到数目移会备查。大祀时，皇帝在丹陛桥西阶下降轿，进具服台幄帐更换祭服并盥手，然后步入南砖门行礼。大典结束后皇帝还要回到具服台幄帐换掉祭服后乘礼舆还宫。祈谷礼举行的时间是正月上辛日，祭典在日出前七刻的时候举行，适值黎明之前，早春寒夜，冷气逼人，故幄帐内设炭盆供暖。

"鬼门关"

"鬼门关"位于丹陛桥之下，与具服台相邻，为一孔东西向的拱形涵洞，是连接祈谷坛东西两隅的通道。明清时天坛建有牺牲所，专用于饲养祭祀用牺牲，位于天坛外坛西南隅，而祈谷坛

具服店雪景

宰牲亭位于祈年殿的东面，七十二连房的尽头，从前举行祭祀大典前，役人驱牲畜自牺牲所往宰牲亭，用于制作祭品，途中要经过丹陛桥，按中国古代的礼制，牲畜是不能从神道上经过的，故古人在丹陛桥下建涵洞以使牲畜通过，因牲畜进了涵洞后即不能生还，所以这个涵洞就被人戏称为"鬼门关"。原来涵洞西面的出口为曲尺型，洞口向南，涵洞上面有台阶以供皇帝登临丹陛桥，涵洞东面的出口齐丹陛桥砖壁而设。1971年管理部门在涵洞东面出口处增建了一座台阶，涵洞东面出口遂也改为曲尺型南向出口。涵洞内为拱券形，花岗岩成造，地面墁砖石，由于常年不见阳光，洞内阴冷潮湿，凉气沁人，确实让人有不寒而栗之感，"鬼门关"可谓名副其实。

七星石

长廊南面的草地间有"七星石",传说为天上陨石,实际是人为放置。七星石为深灰色结晶石灰岩,形状为椭圆形或不规则半圆形,上刻山形或朵云形纹。传说明嘉靖年间建大享殿时,有道士向嘉靖皇帝进言,称大享殿巽方(东南方)空虚无物,不利于皇图永固及国祚绵长,对皇帝的寿命也十分不利。道士建议设置镇石镇之。嘉靖皇帝笃信道教,听从了道士的建议,诏令在大享殿东南方设置了七块镇石以镇风水,这七块镇石即被称为"七星石"。1644年,清兵入关后,在七星石的东北侧又添加了一块镇石,用以表示不忘东北故土之意,所以七星石虽名七星,实际上却有八块巨石。

七星石

祈谷大典

古代祈求五谷丰收的祭典称祈谷。《礼记·月令》记载"孟春之月……天子乃以元日祈谷于上帝"。明朝初期，未设祈谷礼，明嘉靖九年（1530年），嘉靖皇帝认为祭祀昊天上帝不宜以太祖、太宗并配，欲撤太宗配位，朝臣大哗，纷纷奏疏仍以太宗配享于上帝，嘉靖皇帝于是决定即大祀殿举行祈谷大典，以明太祖、明太宗配享。明嘉靖十年（1531年）正月辛卯，嘉靖皇帝亲率百官莅大祀殿举行祈谷大典，祭祀昊天上帝，以明太祖、明太宗神位配享，祀后，嘉靖皇帝亲自规定，祈谷大典礼配享仅设明太祖代其神位，陈设帛减十一，设从坛，不燔柴，且以惊蛰日为祭日。嘉靖十一年（1532年）惊蛰，嘉靖皇帝遣武定侯郭勋在天坛举行了祈谷大典，以后，祈谷皆由郭勋恭代。嘉靖十八年（1539年），祈谷礼改于宫内玄极宫殿举行，并且不再设配位。明隆庆元年（1567年），有朝臣提出："先农亲祭，遂耕耒田，即祈谷遗意。今二祀并行于春，未免烦数……宜罢祈谷礼，止先农坛行事。"隆庆皇帝采纳了朝臣的建议，停止举行祈谷大典。至明崇祯十三年（1640年），崇祯皇帝决定恢复举行祈谷大典，崇祯十四年（1641年）正月，崇祯皇帝亲率百官到天坛圜丘，按嘉靖十一年礼制举行了祈谷大典，次年复又举行。

明代祈谷大典仪程为：

祀前5日，皇帝亲自或遣官到天坛牺牲所视牲，先期告庙及从郊坛回宫参拜太庙都同冬至大祀告庙仪相同，只告辞曰："明日恭视祈谷牲仪。"参辞曰："恭视祈谷牲仪还。"次日以后，皇帝命大臣轮视牺牲所牺牲，然后复命。

祀前4日，太常寺奏请祭祀，命百官斋戒3日，皇帝告请太庙，拜谒太祖。

祀前3日，皇帝诣太庙请太祖神位，以脯醢酒果，行再拜一献礼。

祀前2日，太常卿同光禄卿奏省牲。

祀前1日，皇帝亲填祈谷祝版于文华殿，然后告于太庙，告辞曰："孝玄孙嗣皇帝（御名），明日祗诣南郊行祈谷礼，谨诣祖宗列圣帝后神位前，恭预告知。"当夜二鼓时，礼部尚书到天坛皇穹宇上香，侍郎导引太常卿捧请神版奉安于坛位，俱如大祀之仪。

正祭日，皇帝常服乘舆，摆卤簿至天坛内坛昭亨门右，皇帝降舆，导引官导上至大次，皇帝换具祭服，由圜丘棂星左门入，至陛上行祭礼，与大祀礼仪相同，诵读祝文。

明祈谷大典祝文："维　年　月　日，嗣天子臣（御名）祈奏于皇天上帝曰：候维启蛰，农事将举，爰以兹辰，敬祈洪造。谨率臣僚，以玉帛牺牲齐粢盛庶品，备斯明洁，恭祀上帝于圜丘，仰希垂鉴，锡福丞民，俾五谷以皆登，普万方之咸赖。奉太祖圣神文武钦明启运俊德成功统天大孝高皇帝侑神，尚飨。"

明祈谷礼不设燔柴礼仪。

清顺治元年（1644年）清廷改大享殿为祈谷坛，并规定：每年正月上辛日祀皇天上帝于天坛大享殿，为民祈谷，皇帝亲诣行礼。礼仪与冬至大祀相同，唯不设从坛，不燔柴。顺治十七年（1660年）顺治皇帝提出"享帝大典，不宜有异"，于是建燔柴炉于祈谷门东南，届祈谷大典时，如圜丘冬至大祀制举燔柴，行望燎礼。

乾隆十六年（1751年）乾隆皇帝诏命按祈谷原意改大享殿为祈年殿。

清代祈谷大典仪程同冬至大祀大致相同，先期演礼、视牲看牲、恭进铜人、斋戒陪祀皆遵循祭天通例，祀典举行之前，皇帝在太和殿阅视玉、帛、香。玉、帛、香分盛于篚及香盒内，共计8篚3盒，苍璧装1盒，天青告祀制帛1端，装1篚；白色奉先制帛7端（道光朝配7位），各装1篚。描龙香8炷，沈速块香350块，沉香饼12圆，共装1盒；块香10分，共重5斤1两，装1盒；先期2日，派员包束，经太常寺堂官审验送呈皇帝阅视。明清大祀时，盛装祭品也称为"实"，寓意庄重。

祝版、玉、帛、香经皇帝阅视后，移入龙亭，由銮仪卫派员率校尉将龙亭送至祈谷坛神库。

祭祀用龙亭一为祝版亭，一为香炉亭，一为玉帛香亭，各施天青描金缎亭衣，其亭内预陈铜五供及天青描金龙祝版盒，蓝布托垫。

祀前1日巳时，太常寺堂官1人赴乾清门转奏恭请皇帝驾诣斋宫，皇帝由宫内御龙袍、龙褂，乘礼舆出太和门，降礼舆升玉辇（道光十八年始玉辇在天安门外预备），摆卤簿至祈谷坛外西天门。太常寺官2人前引皇帝由中门入内西天门，至降辇处降辇。皇帝驾御斋宫，先至皇乾殿上香行礼并视坛位、笾豆、牲只。前引十大臣、赞引官、对引官、执提炉官恭导皇帝由南砖城门左门入祈年门左门，至皇乾殿前升东阶入皇乾殿行上香礼。礼毕，赞引官、对引官恭导皇帝至祈年殿前，升东阶进祈年殿东隔扇视坛位。视坛位毕，前引十大臣、赞引官、对引官恭导，由东砖城门出，至神库视笾豆。皇帝视笾豆即听取太常寺官员奏报检查笾豆准备情况。

视笾豆毕，赞引官、对引官恭导皇帝至神厨内正中向上立，赞引官跪奏燔牛，赞引官恭导皇帝一一恭视。皇帝视牲只毕，前引十大臣、赞引官、对引官恭导皇帝由御路至升辇处升辇，前往斋宫。

祀日，日出前七刻，皇帝诣祈谷坛，至幄次更换祭服，进祈谷坛南砖门，升殿候赞，典仪唱赞，举燔柴，中和韶乐奏《始平之章》，皇帝至拜位，上香，奠玉帛，进俎，进爵，行三献礼，为初献、亚献、终献，乐舞生舞文德舞、武功舞，三献毕，读祝官宣读祝文，皇帝饮福受胙，撤馔，皇帝拜退，赞礼官再唱赞，皇帝再至拜位，依次拜祭配位神主，行三献礼，分献官诣从位，依次拜祭，礼毕，皇帝率百官诣望燎位，行望燎礼，还幄次。

祈谷大祀不设从位，笾豆牲牢与冬至大祀略有不同，侍仪监礼相同。

清祈谷大典行礼过程与冬至大祀行礼过程相同，只是所演奏的乐章与冬至大祀不同。

明永乐十八年（1420年）十二月癸亥，永乐皇帝遣太子朱高炽以北京郊庙宫殿成告祭于天地坛大祀殿。明朝皇帝很少亲自赴天坛举行告祭，多遣官代其行。

清代乾隆皇帝到祈谷坛行礼58次。

黄琮祭地——地坛

地坛,又称方泽坛,在安定门外大街东侧,与天坛南北遥相对应,始建于明代嘉靖九年(1530年)。

历史沿革

在中国历史上从周代时起,当夏至日到来时就有了祭神仪式,《曲礼》载:"天子祭天地。"曰:"地神有二,岁有二祭:夏至之日,祭昆仑之神于方泽,一也;夏正之月,祭神州地祇于北郊,二也。"《周礼·春官》载:"以夏日至,致地方物魃。"又载"夏至日祭地祇于泽中方丘","以黄琮礼地"。"地祇"即后土皇地祇,尊为地神。郑玄注:"礼地以夏至。"周代夏至祭神,意为清除荒年。司马迁在《史记·封禅书》也载:"夏至日,祭地祇,皆用乐舞。"

后土皇地祇俗称"后土娘娘"。"后土"之称始于春秋,其身份、来历有人名、官名、神名等不同说法。汉代列入皇朝祀典,为历代帝王所沿袭。宋徽宗封后土为"承天效法厚德光大后土皇地祇"。(《宋史·本纪》卷二二)宋代时,道教列为"四御"尊神之一。南宋吕元素《道门定制》卷二注:"后土即朝廷祀皇地祇于方泽是也。王者所尊合上帝为天父地母焉。"元明《三教源流搜神大全》卷一"后土皇地祇"称："为阴地者，五黄相乘，五气凝结，负载江海山林屋宇。故曰天阳地阴，天公地母也。《世略》所谓：土者，乃天地初判黄土也，故谓土母焉。"西晋时期道家崇有派代表人物杨泉著《物理论》，称"地者，卦为坤，其德曰母，其神曰祇"。周礼"以夏至日，祭地于方泽"，以后历代多循周礼设方丘以祭地。

祭地仪礼最初是在林间空地的土丘上举行，后来发展成用土筑坛，并逐渐演变成为典章制度中重要的内容，被视作"国之大典"。汉朝时，汉武帝于元鼎四年（公元前113年）在汾河与黄河交汇处、古称汾阴的地方建后土祠，并定为国家祠庙。西汉末年，按阴阳方位在长安城北郊建祭地之坛。此后历代虽礼制不同，有时天地分祀，有时天地合祀，但均在都城建有祭地之坛。金代建中都城时在北京通玄门外（今复兴门外会成门东北）建北郊方丘。这是北京史上最早的祭地之坛。元代大德年间，翰林院袁桷请建方丘，分祀皇地祇，元成宗遂诏于大都北十四里地建方丘，工程才举又停，竟至无期，袁桷之议终于遭搁置，使元代始终合祀天地于南郊。

明清时代，祭地仍然被视作"国之大典"，明嘉靖九年（1530年），给事中夏言上书嘉靖皇帝，直言天地合祀不符合古礼，应该实行分祀。称天地合祀虽是太祖洪武皇帝所定，但在此之前的天地分祀制度，同样也是太祖洪武皇帝所定。现在主张天地分祀，并不有违祖制，而是在努力恢复太祖的制度。嘉靖皇帝采纳夏言的建议，修改祭典，在南郊的天地坛大祀殿南建圜丘专祀昊天上帝，嘉靖九年（1530年）五月，在京城安定门外之北郊作方丘。嘉靖十三年（1534年）嘉靖皇帝诏："南郊之东坛名天坛。北郊之坛名地坛；东郊之坛名朝日坛；西郊之坛名夕月坛。"遂命名地坛。

嘉靖十年（1531年）五月，皇帝亲祀皇地祇于方泽，此为地坛首次祭祀大典，地坛遂成为明清两朝皇帝祭祀"皇地祇神"之场所。嘉靖以后，明代各皇帝均以每年夏至赴地坛祭祀地祇之神，皇帝不能亲祀时须遣派亲信大臣恭代行礼。清朝皇帝沿袭明朝祭地制度，仍以每年夏至日举行祭祀"皇地祇神"大典。

清代顺治、康熙、雍正三朝，皆兴地坛修缮工程，但乾隆朝地坛工程最盛，坛中所有建筑全部经过整修，实如同再造。《清会典事例》记载："乾隆七年，议准修理方泽坛斋宫。十四年谕，稽古明禋肇祀，郊坛各以其色。地坛方色尚黄，今皇祇室仍用绿瓦，盖乃前明旧制，未及致详，朕思南郊大享殿，在胜国时，合祀天地山川，故其上覆以青阳玉叶，次黄次绿，具有深意。南郊用青，而地坛用绿，于义无取，其议更之，至两郊坛宇，虽岁加涂塈，而经阅久远，应勒所司省视，所当修整者，应依方色，改易黄瓦，以符坤德。

乾隆十四年（1749年）时，地坛宰牲亭及神库中皆增建了井亭。乾隆十八年（1753年）奏准，方泽坛建从坛瘗位，设于东西内壝门外，南北各一。"乾隆三十七年（1772年）时，又重修了地坛西神门外广厚街牌楼。经过几次大修，地坛风貌大变，坛制鼎新，益肃穆端庄。

清咸丰十年（1860年），英法联军入侵北京，英军占据地坛，将方泽坛周围矮墙夷平，并把祭台改为炮台，坛中皇祇室、神器库及斋宫等建筑门窗尽行拆除，将所有陈设劫掠一空。

中华民国十四年（1925年），地坛曾开辟为"京兆公园"。改园中方泽坛为讲演台，又添建了共和、有秋、教稼诸亭，开办通俗图书馆和公共体育场，还以诸种植物拼成世界地图，名"世界园"。园门额书"勿忘国耻"，而联曰："大好河山，频年蚕食鲸吞，举国不胜今昔憾；强权世界，到处鹰瞵虎视，惊心莫当画图看。"中华民国十七年（1928年），改名为市民公园。中华民国十八年（1929年），北平市工务局在地坛设立苗圃。中华民国二十五年（1936年），北郊医院占用地坛部分土地。中华民国二十七年（1938年），因侵华日军建西郊飞机场，将地坛的房屋土地交机场征用地界内的农民居住种植，遂停办公园。中华民国三十一年（1942年），又在外坛建立了传染病医院，占用了大片土地。此后，虽仍维持开放，但因驻园单位过多，景观维持不周，而游人寥寥，日益荒败，终于沦为废园。

地坛公园中古柏森森，绿草茵茵，清初诗人施闰章《陪祀方泽诗》中有"崇墉柏带青霜气，方泽波含明月光"之句。现存古树168株，集中分布在方泽坛周边，大部分古树的树龄已经超过300年，古树种类有侧柏、桧柏、榆树、银杏、国槐等。地坛古树是地坛的独特景观，独臂将军柏、大将军柏是地坛著名古树。

1956年，北京市园林局划内坛地30.5公顷及外坛苗圃地5公顷，共35.5公顷，开办公园。当时地坛外坛墙已不复存在，但内坛坛墙基本保留。七组古建筑除钟楼、斋宫内宫门、宰牲亭井亭因已倒塌被拆除外，其他基本保持原貌。

2006年5月，国务院公布地坛为全国重点文物保护单位。

建筑概况

地坛设内外两重坛墙，内坛墙周长五百四十九丈四尺（1820米），外坛墙周长七百六十五丈（2550米），两重坛墙将坛域分为内坛和外坛。主要建筑都集中在内坛，计有方泽坛、皇祇室、神器库、宰牲亭、斋宫、神马圈、钟楼等7组建筑，总面积43公顷。两重坛墙及主体建筑方泽坛均采用正方形，遵循中国古代"天圆地方"之说。

方泽坛

方泽坛，为明清两代皇帝祭祀"皇地祇神"的祭坛，因坛台周有方形泽渠，故称方泽坛，总面积达17689平方米。清乾隆十五年（1750年）奉乾隆皇帝御旨"改筑方泽墁石，坛面制视圜丘。上成石循前用六六阴数，纵横各六，为三十六；其外四正四隅，均以八八积成，纵横各二十四。二成倍上成，八方八八之数，半径各八，为六八阴数，与地耦义符。寻建东、西、南壝门外南、北瘞坎各二。又立陪祀官拜石等。将明代黄色琉璃砖坛面更换为艾叶青石坛面"。

方泽祭坛为上下两层，平面呈正方形，取"方而下以像地"说，象征"地方"。坛面铺墁的石块和四面石阶均为偶数。按照中国古代天阳地阴及偶数为阴的理念，方泽坛坛面的石块均为偶数：中心是 36 块较大的方石，纵横各 6 块；围绕着中心点，上台砌有 8 圈石块，最内者 36 块，最外者 92 块，每圈递增 8 块；下台同样砌有 8 圈石块，最内者 100 块，最外者 156 块，亦是每圈递增 8 块；上层共有石块 548 块，下层共有 1024 块，两层平台用 8 级台阶相连。象征"地方"。方泽坛四立面砌砖均采用黄色琉璃，象征"黄地"。下层坛台南东向设岳镇五陵山石座二，上雕刻镂山形纹，共设山形纹石神座 15 尊，祭祀时奉安五岳、五镇、五陵山之神位；下层坛台北西向设列海渎石座二，上雕刻镂水形纹，共设水形纹石神座 8 座，供祭祀奉安四海、四渎之神位。祭台周环有泽渠，外有坛墙两重围成正方形，四面各有棂星门，北向 3 座，东、西、南各 1 座。外墙东北部建望灯杆，与其对称的西北部为瘗坎，为瘗埋祭品之所。

皇祇室

皇祇室位于方泽坛之南，始建于明嘉靖九年（1530 年），是地坛的主要建筑之一。皇祇室坐南向北，5 间崇基，黄色琉璃歇山顶，饰以双凤和玺彩画。皇祇室单独围垣，北向面对方泽坛设琉璃门，是明、清两朝供奉皇地祇神及配祀皇帝神位的殿宇。乾隆十四年（1749 年），以皇祇室用绿瓦乖黄中制，谕北郊坛砖墙瓦改用黄。1925 年地坛辟为"京兆公园"，曾在此设"通俗图书馆"，1986 年建为"地坛文物陈列室"。

神库

地坛神库坐于方泽坛西，建于明嘉靖九年（1530 年），有围垣，内有四座的绿瓦悬山顶五开间殿宇和两座井亭。南殿及两井亭于清乾隆十四年（1749年）建成。坐南向北的大殿为正殿，又称"神库殿"，是存放迎送"皇地祇"神位用的凤亭及迎送配位、从位诸神位的龙亭。遇皇祇室修缮时，各神位也临时供奉在神库殿。东配殿称"祭器库"，是存放祭祀所用的器皿用具的库房。西配殿称"神厨殿"，是制作祭祀供品食物的地方。坐北朝南的大殿叫"乐器库"，是存放祭祀所用乐器和乐舞生服的地方。两口井亭内的水井专为方泽坛内泽渠注水和为神厨殿供水。

宰牲亭

宰牲亭位于神库殿西，3开间，歇山重檐顶，覆绿色琉璃，是古代皇帝祭地前宰杀祭祀用牺牲（犊、豕、羊、鹿）的殿宇。有围垣，垣门向北，门内两侧原有井亭各1座。明清时每逢举行祭祀大典前一天的子时初刻，在此举行宰牲仪式。

圜丘坛祭器库外景

钟楼

钟楼位于斋宫北，始建于明嘉靖九年（1530年），为三开间歇山式绿琉璃顶的重檐正方形建筑，通面阔12米余。1965年因年久失修破败不堪而遭拆除。2000年按原样重建。钟楼原悬明代古钟现存于北京大钟寺，钟高2.58米，直径1.56米，重2324千克，上铸铭文"大明嘉靖 年 月 日制"。现悬钟为原钟复制品，声音洪亮浑厚。

神马殿

神马殿在钟楼西，始建于明嘉靖九年（1530年），建筑为5开间悬山式绿琉璃顶。通面阔19.55米，每间面阔相同，进深7.5米。外有墙墙。1999年进行挑顶大修。

斋宫

地坛斋宫始建于明嘉靖九年（1530年），清雍正八年（1730年）重建。斋宫在方泽坛西北，为皇帝举行祭地大典前1日时诣坛斋宿之所。清代顺治、康熙、雍正、乾隆、嘉庆各帝都曾在此斋宿。斋宫设高墙，东向设宫门，内正殿7间，绿琉璃歇山顶，坐西面东，前有月台，环以白石围栏，东向三出陛。左、右配殿为南北向，各7间。

广厚街牌楼

明代地坛西门外为泰折街，有牌坊，明嘉靖年间始建时称"泰折街"牌坊，清代雍正年间重建时改为"广厚街"牌坊，位于地坛西门外，为地坛御道的起点。古"广厚街"牌坊于20世纪50年代初遭拆除，1990年东城区政府决定恢复地坛牌楼，当年5月22日，复建地坛牌楼工程开工，至8月30日完工。新建的牌楼4柱3间，绿色琉璃瓦面，高13.5米，斗拱飞檐，金碧辉煌，采"天龙地凤"之说绘以单凤图和牡丹图案，正面中心有"地坛二字，背面核心书"广厚街"。因其矗立于长街畔，地近安定门，街旁多种植侧柏，又有大片绿色草坪及各种花木，故该景区又命名为"安定生辉"。

集芳囿

集芳囿是地坛 20 世纪 80 年代新建成的园林景观，位于地坛外坛西北部，占地面积 6000 平方米，建筑面积 1300 平方米，是一座封闭式的以养殖、展览南北方名贵植物、花卉和金鱼为主的古典式景园。园内有殿室、廊亭、池榭、爬廊、假山等，布局严谨多变。园内还有面积近 900 平方米、高 12 米的温室，室内除了有数百种名花异草外，还有假山叠水、溪流，园内景色优美、四季如春，宛若仙境。

牡丹园

牡丹园也是地坛 20 世纪 80 年代新建成的园林景观，是地坛内占地面积最大、植物品种最丰富，亭、廊、水榭、花架等园林小品最精致的园中园，园内通过整合的设计手法，遵循现已形成的园林布局，采用形态生动、布置形式灵活的自然山石与灌木相结合的形式来处理驳岸，与水榭保持景观风格的统一，充分体现出中国古典园林"师法自然"的造园思想。

祭地典礼

祭地礼仪是祭祀后土皇地祇的礼仪，明清两朝均奉为国家大祀。祭地典礼于每年夏至日举行，因祭祀时须奉献黄琮而又称为黄琮礼地。《周礼·春官·大宗伯》："以苍璧礼天，以黄琮礼地。"郑玄注："琮，八方，象地。"

皇帝祭地礼仪程序烦琐复杂，夏至前2个月，内务府就开始维修斋宫。夏至前25天，太常寺开始筹备祭祀有关事宜。夏至前3日，皇帝到太庙告请太祖配神，除急事外，不办公事。夏至当日，太常寺卿率领人员打扫坛台上下内外，并在皇帝活动处铺设棕褥垫，设置各神座及皇帝拜位之黄幄，陈设祭祀用品。日出前七刻，太常寺卿赴乾清门报时，请皇帝到地坛行祭礼。祭祀共分9个仪程：祀礼奉黄琮，献郊祀制帛，供特，中和韶乐奏《祈平之章》，乐九奏，舞八佾。每进行一项仪程，皇帝都要分别向正位、各配位行三跪九叩礼，各从位遣大臣恭代行礼，从迎神至送神，历时2小时之久。

明代诗人、散文家王慎中有诗曰："万乘亲郊幸北宫，千官斋祓两都同。灵光正想泥封上，清梦遥依辇路通。烟散玉炉知昼永，星分银烛坐宵中。闻君已就汾阴赋，犹向周南叹不逢。"王慎中的这首诗清晰地记述了皇帝率百官到地坛祭祀地祇的情景。

清光绪三十三年（1907年）五月，清德宗光绪皇帝亲诣方泽坛举行祭祀大典，这是中国历史上最后一次皇帝亲祀"皇地祇神"。自1531年开始，持续了376年的祭祀"皇地祇神"的历史就此结束。

春分朝日——日坛

日坛又称朝日坛,始建于明代嘉靖九年(1530年)。是明清两朝皇帝祭祀大明之神的祭坛。2006年5月被列为国家重点文物保护单位。

祭日礼仪源于上古时期,《国语·周语上》:"古者,先王既有天下,又崇立于上帝、明神而敬事之,于是乎有朝日、夕月以教民事君。"韦昭注:"礼,天子搢大圭、执镇圭,缫藉五采五就,以春分朝日,秋分夕月,拜日于东门之外,然则夕月在西门之外也。"《周礼·春官·典瑞》:"以朝日。"郑玄注:"天子当春分朝日,秋分夕月。"

中国古代各个朝代均有祭日之礼,北京在金中都时期曾在施仁门外东南建朝日坛祭祀大明之神。明朝初期祭日仪合并于大祀殿,于每年春正月举礼。明嘉靖九年(1530年),嘉靖皇帝朱厚熜实行四郊分祀,择朝阳门外锦衣卫萧瑛地为址建朝日坛,五月兴工营建,次年工成。

日坛坐东向西,祭坛为方形,1层,坛面墁以红色琉璃砖。环坛有墙,绿瓦红墙。西向有三座棂星门,东、南、北向各有一座棂星门。北棂星门外以东建有神库、神厨等建筑,并围以红墙。此外还有宰牲亭、祭器库、乐器库等辅助用房。祭坛东北建有钟楼和具服殿，建筑庄严肃穆。

祭坛

祭坛是举行朝日典礼的拜台，以青砖白石成造，正方形，边长16米，高1.89米，初建时坛面砌以红色琉璃砖，清代改用方形城砖，四面出陛，各有台级9级，《大清会典》记载"制方，西向，一成，方五丈，高五尺九寸，面瓷金砖，四出陛，皆白石，各九级。圆周七十六丈五尺，高八尺一寸，厚二尺三寸"。四周围绕有圆形围墙，四面设有白石棂星门。西向设3门，东、南、北向各设1门，"柱及楣阈皆白石，扉皆朱棂"。

具服殿

具服殿在祭台西棂星门外北侧，为一方形院落，南向设宫门，正殿坐北向南，歇山顶绿瓦，面阔3间，是皇帝行礼前更换祭服之所，左右配殿为奉司衙署所在。明清帝王祭日时，皇帝由北门步行至具服殿更衣后，经西天门通过神路进入日坛朝拜"大明之神"。明代，日坛具服殿位于祭坛南侧，清乾隆七年（1742年），乾隆皇帝降谕："日坛具服殿旧址建于坛南，临祭时必须经过神路始至殿所，似与诚敬之仪未协。"为表达对祭祀大明之神的尊崇，乾隆皇帝谕令将具服殿移于北棂星门外。

神库　神厨

神库、神厨院坐落在祭坛坛北棂星门外之东，为方形院落，门坐东向西，门内神库3间，绿色琉璃歇山顶，是安奉大明神版的殿宇。神厨3间，南向，为供品制作之所。

钟楼

钟楼在日坛内坛北门内东侧，原有2层，歇山顶，南向，内悬古钟。钟楼上层毁于清道光年间火灾，仅余下层，古钟自火灾后即不知去向。

祭器库　乐器库　棕荐库

祭器库、乐器库、棕荐库毗邻钟楼，是分别放置祭祀时用的祭器、乐器、草席棕垫的库房，各3间，联檐通脊，均南向。清道光年间失火，最西边两间祭器库毁于火灾，剩下的7间库房改称"七间殿"。

宰牲亭

宰牲亭是祭日前1日屠宰牲畜的地方，红柱灰墙，重檐歇山顶，亭中有漂牲池，为制作牺牲之所，今漂牲池已填平。

日坛设两重围墙，外坛墙前方后圆，周长二百九十丈五尺，墙两面用砖镶砌，西门、北门各三孔拱券门，称天门。西天门外有栅栏门，照壁一座，北门外有照壁一座，又有西角门一。西门外为景升街，建有景升牌坊，坊前有红色栅栏，长十五丈。街左右各有一段墙，外墙西自牌坊西，达外坛墙西南角，长三百八十二丈四尺。东自牌坊东，达坛东北角，长三百十二丈四尺。其中间道路由景升街往南再往东南到日坛北天门，从坛北天门以南转向西再向北到具服殿，正南到神路。日坛周围明清时期原是一片松林，称黑松林。

明清两代每年春分祭祀大明之神。明、清祀典规定祭日典礼在春分日举行，农历甲、丙、戊、庚、壬年皇帝亲自行礼，其余年份均遣官致祭。祭祀仪为祀前20日由太常寺题请,上疏皇帝,恭请皇帝亲诣行礼或派遣官员代为行礼。未遇皇帝亲祭之年,则与应该题请的中祀、群祀一起,专请遣官。祀日于前期三四日具奏,前期2日恭进斋戒铜人,题请斋戒,并由礼部堂官会同太常寺堂官至牺牲所看牲。祀日行礼,皇帝于祭祀当日寅时,即日出前六刻移驾,临坛行礼。行礼仪程包括奉赤璋祭大明之神,献礼神制帛,供太牢,中和韶乐奏《曦平之章》,乐七奏,舞八佾。日坛用爵及豆、登、铏、簋、簠、尊均用陶,赤色。

祭大明之神祝文:维　年岁次　二月朔越日,嗣天子臣(御名)谨告于大明之神曰:钦惟大明之神,阳精之宗,列神之首。神光下照,四极无遗,功垂今昔,率土仰赖。兹当仲春,式遵古典,谨以玉帛牲醴之仪,恭祀于神,銮歆祭献,赐福黎蔗……伏维尚飨。

清代祭祀礼仪与明代相同。

清道光二十三年(1843年),清宣宗道光皇帝到日坛亲祭大明之神,此后,皇帝再未亲祀。1906年后,清廷停止举行祭日礼仪,日坛逐渐荒芜。

清末民国时期,日坛遭受严重破坏,西门外景升街及景升牌坊均毁,大片松林被盗伐。坛内祭台金砖丢失过半;钟楼倒塌,铜钟丢失,坛墙断落,遍地荒草,内外一片荒凉。

中华人民共和国成立后,北京市人民政府决定将日坛开辟为公园。1956—1957年,先后收地二百余亩,将日坛面积由仅存的6公顷恢复到21.15公顷。

1961年,市园林局作为分级管理试点,将日坛公园下放朝阳区管理。

1978年，在祭台南棂星门外建成牡丹园。1979年，在公园东南部建成"曲池胜春"景区。种植月季数千本，又建成亭台，浚成清池，池状如曲尺，玲珑小巧，名为"曲池"。因园以月季为主景，月季又名胜春，故名其景区为"曲池胜春"。

1983年，修复北天门。1984年，重建日坛祭台，在公园西南部建南湖景区。南湖景区融合了江南园林秀美的湖光山色及北方园林的古朴典雅。风光优美，景色别致。南湖水面颇广，面积达4700平方米，烟波浩渺。环湖叠石，参差错落，有圆亭、水榭、画舫。沿岸逶迤以山，又有石桥如虹联结两岸，湖畔垂绿柳。山顶缀六角亭，曰"清晖亭"。

湖边围绕蜿蜒迂回的小路。沿小路向东走去，有曲径通幽之趣，登山峭壁眺望，山山水水融为一体。

东南景区名"玉馨园"，占地面积3000平方米，景色宜人。穿过蜿蜒曲折的园路，有一棵40余年树龄、胸径为1米的悬铃木。

1984年，日坛公园南门内建成大型影壁。壁间以彩陶镶拼制成祭日壁画，描绘了古代祭日的壮阔场面；又绘有"夸父逐日""后羿射日"之图。

日坛公园西北隅有马骏墓。马骏曾任中共北京市委书记，1928年殉难后葬于此处。1955年划入公园范围，建烈士墓，立纪念碑，1987年列为北京市文物保护单位。墓基为红色花岗岩，墓体以汉白玉砌成，墓碑由邓颖超书题，墓后植青松，庄严肃穆。

日坛公园古木众多，又植新树。园内绿草如茵，繁花似锦，

日坛公园祭日壁画

林木繁茂，幽雅恬静。

2006年5月，日坛被国务院列为第六批全国重点文物保护单位。

秋分夕月——月坛

月坛始建于明嘉靖九年（1530年），位于西城区阜成门外南礼士路西侧，是明清两朝祭祀夜明之神的祭坛。月坛占地8公顷，中心建筑为祭坛，坛高1.5米，面积13.3平方米，平面为方形，白石砌成。现存主要建筑有神厨院、神库院、宰牲亭、钟楼、祭器库、乐器库、具服殿等。

中国古代崇拜月亮的历史悠久，古人尊月亮为夜明之神，历朝都有祭祀月亮的礼仪。《礼记·祭义》即载"祭日于坛，祭月于坎，以别幽明"。

北京在辽金时期就曾建有月坛。史书载，金大定十一年（1171年），金世宗在中都彰义门外西北建夕月坛，祭祀夜明之神。

明初洪武三年（1370年）正月，吏部考订古礼，奏定朝日、夕月之祭，使日、月之神不仅从祀郊坛，还另设坛专祀。明太祖朱元璋遂于南京城西门外建月坛，"坛高六尺，俱方，广四丈，两壝各二十五步，燎坛方八尺，高一丈"。洪武二十一年（1388年），朝日、夕月之祭皆罢黜。明成祖朱棣迁都北京后依旧延续明太祖后期天地合祭，夜明之神祭祀一并按南京旧制从祀于南郊大祀殿。

嘉靖九年（1530年），大学士张璁"以为缺典，请复启秋分之夕月祭祀"。明嘉靖皇帝遂决定在北京恢复四郊分祀制度，按照日东月西之仪，选址在今阜成门外大街南侧建坛，又称"月坛"。

月坛祭坛又称拜台，台坐西朝东，为一层，高四尺六寸，四丈见方，围二十四丈。坛面依据西方主白色用白琉璃，四出陛，各6级白石台阶。壝周九十四丈七尺，高八尺，四面设棂星门，正东3间，南、北、西各一。壝外设瘗池。祭坛东北有具服殿，南门外为神库，西南为宰牲亭、神厨、祭器库，北门外为钟楼、遣官房，外墙为方形坛墙，周二百三十五丈九尺。东天门外向北为礼神坊，护坛地有三十六亩。明嘉靖十年（1531年）八月秋分日世宗祭"夜明之神"于夕月坛，以木火土金水五星、二十八星宿、周天星辰共一坛，南向祔祭。以后按农历丑、辰、未、戌年秋分亥时由皇帝亲祭，余年遣武官恭代祭祀。

明代月坛祭祀夜明之神、二十八星宿、周天星辰，祭祀奉太牢五谷，行三献礼、乐六奏，皇帝及从祀大臣俱白色袍服。

清顺治八年（1651年）重新修建月坛，定祭月礼制，规定夕月坛祭祀为中祀，准"夜明之神，从祀天坛外。更立夕月坛，每年于秋分日，酉时致祭。以星辰配"。此时配祀除设木火土金水五星神位、二十八星宿神位、周天星辰神位以外，还增加了北斗七星神位，"每年秋分日酉刻，奉星辰配，凡丑、辰、未、戌年，帝亲祭，余遣官"。

清雍正二年（1724年）改坛外神路街为光垣街。雍正三年（1725年），在月坛东北空阔的地方建照壁3座，并修整牌楼两边的墙垣。乾隆八年（1743年）和乾隆二十年（1755年）两次大修夕月坛，此后又在四十八年（1783年）、五十年（1785年）连续修整，使得月坛的祭祀建筑群得到了扩展。呈现为：坛址东向，1层，四丈见方，高四尺六寸。面甃金砖，四出陛，各六级汉白玉石阶。方壝周长九十四丈七尺，高八尺，厚二尺二寸。壝正东3门6柱，西、南、北各1门2柱，柱及楣阃皆为汉白玉，扉为朱红色木棂。壝外设燎炉、瘗坎。东北建有钟楼1座。壝南门外西为神库、神厨各3间，宰牲亭、井亭各1，井亭屋面为盝顶。南为祭器库、乐器库各3间。增设具服殿正殿3间，左右配殿各3间。四周坛墙，坛门3间南向，祠祭署3间北向，左右各3门。坛外东北角向北有夹墙两刀，中为神路，北端牌楼3间。据《钦定日下旧闻考》记："具服殿内皇上御书额曰'典崇郊坎'。联曰'西兑斋心陈白琥；大田发咏庆黄云'。"

明嘉靖九年（1530年），定夕月坛正位"陈设夜明神位，东向，犊羊豕各一，登铏各一，簠簋各二，笾豆各十，金爵三，白瓷酒盏三十，酒樽三，玉用白璧一，帛一白色，篚一，祝案一。从位一，坛南向，笾豆各十，帛十（青、红、黄各一，白六，黑一）"。

清代《钦定大清通礼》规定夕月坛祭祀陈设为："神幄设夜明神座专案东向，设配位北斗七星，次木火土金水五星，次二十八宿，次周天星辰神座同案南向。工部司官张皇帝拜次于外阶上。如式晡后太常寺卿率属入坛，具器陈夜明位前，牛一羊一豕一，一登，一铏，簠簋各二，笾豆各十，盏三十，炉一，灯二，星辰位同中设一案，少南西向供祝版，北设一案，南向陈夜明前白璧一，礼神制帛一，香盘一，樽一，爵三，并设色白福胙加爵一。星辰位前礼神制帛十有一，香盘一，樽一，爵三，凡牲陈于俎，凡玉帛实于篚，凡樽实酒承以舟疏布幂勺。具銮仪卫设洗于具服殿外，乐部率太常协律郎陈设乐悬舞佾与东郊同，右设神座供张陈设省齍辨行礼位外阶上，幄次正中为皇帝拜位。""西向分献官一人，位坛下之左。当阶陪祀王公位坛下，左右百官位壝门外。左右均西面，左班南上，右班北上。辨执事位，坛上太常寺司拜牌、拜褥官各一人，立于皇帝拜位左右。司祝一人，司香二人，司玉帛一人，司帛一人，司爵二人，光禄寺卿二人，侍卫二人，太常寺赞答福胙一人，侍仪礼部尚书、侍郎、都察院左都色青赤黑黄各一白七。御史副都御史、乐部典乐各一人，位南北序分立祝案、尊案之次如常仪。太常寺典仪一人，司乐一人，负北立于台阶下。之右赞礼郎二人，立分献官位左右。记注官四人，于墙门外之左，负南立纠仪御史四人，礼部祠祭司官四人，引礼鸿胪寺官四人，分立王公百官拜位之次。协律郎、歌工、乐工、舞佾分立乐悬之次。传赞二人循墙门内墙东立，位均南北，序南北面并与东郊礼同，掌燎官率燎人立于墙外东北隅右辨位。"于酉时前四刻皇帝移驾，临坛行礼。

　　清代后期祀典渐废，光绪三十二年（1906年）停止对月坛祭祀，月坛逐渐破败。中华民国成立以后，月坛常为驻军占用。抗战北平沦陷期间，日伪搞所谓的献木、供木运动，将月坛内外树木基本砍光，古柏所剩无几。

　　1953年，因北京城市建设展宽南礼士路，拆除了月坛东门外的礼神牌坊。1955年，北京市人民政府决定将月坛开辟为公园，但在1959年，为了贯彻"绿化结合生产"的方针，月坛公园南部又改成果园，不对外开放，月坛公园的游览面积减少。

　　1978年以后，园内重铺了园路，整修了上下水，增植了树木，开辟了月季园。1980年油饰了具服殿，1982年整修了钟楼。

　　1984年，将月坛公园南部的果园改建为"邀月园"。人防工事积土修整为山，满山植以松柏花木。园中心取"佳子月中落，天香云外飘"诗意，又建"天香院"。天香院正房3楹，元宝脊，前廊后厦，额题"广寒深处"。两侧耳房各有跨院，西墙壁为半廊，垂花门；东墙为花墙，月洞门。院内建有月池砌以云石，院外环植翠竹，点缀玉兰、云杉及堆石，疏密相间。邀月园南山在天香庭院南，山巅建有凉亭，名秋爽亭。山西麓累石为崖，崖下有洞，洞前引水为溪，溪上建有白石拱桥，隔水相对有山，山上隐隐有圆亭。两山皆漫山植树，石磴小径若隐若现，自山脚延至山巅。

天香院北有砖墙，墙一面为粉壁，一面尽嵌勒石，记古人咏月佳句，为当代书法名家撰录，因墙长而碑多，有阅读之美，故称为"碑廊"。

邀月园中植陕西石榴树数以千计，密密匝匝，层层叠叠，每届秋季如染红霞，为北京赏秋佳处。

1984 年，月坛被列为北京市文物保护单位，2006 年 5 月，作为明清古建筑，月坛被国务院批准列为第六批全国重点文物保护单位。

封土立社——社稷坛

社稷坛，位于天安门西侧，始建于明永乐八年（1410 年）。1914 年辟为公园，初为中央公园，1928 年更名中山公园。

社稷为土神和谷神的总称。社为土神，稷为谷神。土神和谷神是以农为本的中华民族历史上最重要的原始崇拜神。按照历史传说，社是共工的儿子句龙，发洪水的时候，句龙就让人们到高地土丘上去住，没有高地就挖土堆丘，土丘的规模是每丘住 25 户，称之为"社",句龙死后,被奉为土神,也叫社神。烈山氏的儿子柱做夏的稷正,就是主管农业的官职,在其死后,被奉为农神,也叫谷神。

殷商时期甲骨文里已有祭祀社、土的记录,还有大量祭祀山岳河流的记载,这些记载表明祭祀社、土的目的是为了消除疫疠,祈愿农业丰收。

因为殷商以后的君王均祭祀社稷,古人逐渐以社稷指国家,《孟子·尽心下》:"民为贵,社稷次之,君为轻。"《礼记·檀弓下》:"能执干戈以卫社稷。"祭社稷便成为国家重要的祭祀典礼。西周之后,前朝后市、左祖右社成为国都建设的主要内容。明永乐皇帝迁都北京即按照南京制度于皇宫之前分建太庙、社稷坛。

社稷坛原址在唐代曾是幽州城东北郊的一座古刹,辽代扩建成兴国寺,元代改为万寿兴国寺喇嘛庙。明永乐八年(1410年)明成祖朱棣按"左祖右社"规制择地建社稷坛,其址恰在皇城之右,遂兴建社稷坛于该处。

社稷坛整体布局略呈长方形,有内外两重垣,内垣南北长266.8米,东西宽205.6米,红色墙身,黄琉璃瓦顶。每面墙正中辟门,北门为正门,为砖座石结构的3座门,黄琉璃瓦歇山顶,通面阔20米,进深7米,明间为仿木绿琉璃重昂五踩斗拱,3座门均为拱券式。东、南、西各辟一拱券门,亦为砖石结构的黄琉璃歇山顶,面阔12米,进深7米,仿木绿琉璃单翘单昂五踩斗拱。按照古代天为阳向南,地为阴向北的理论,社为土地,属阴,所以坛内主要建筑均以南为上。最北为社稷坛门,依次往南为戟门、拜殿、祭坛。

社稷坛门

社稷坛门为砖座 3 孔拱券宫门,黄琉璃歇山顶,坐南朝北,面对御河,是皇帝亲祀社稷时进出之门。

戟门

戟门为仪门,因门内两侧原列有 72 支镀金银铁戟而又名戟门。戟门为明代建筑,面阔 5 间,黄琉璃瓦歇山顶,原为中柱三门之制,后改为 5 间均为隔扇门。室内饰金龙枋心旋子彩画,室外为金龙和玺彩画。清光绪二十六年(1900 年)"庚子事变",帝国主义列强组成的八国联军侵占北京,竟将戟门陈设铁戟全部掠走。1914 年中央公园初建时,将戟门南北檐柱间曾建槛墙棂窗,辟为图书馆,今为北京市政治协商会议会堂。

戟门同拜殿前后连陛,都立于约 1 米高的白石台基上,台阶 6 步。

拜殿

戟门南为享殿,又称拜殿。原为皇帝到此祭祀时休息或遇雨时行祭之处。中华民国十四年(1925 年)3 月,孙中山逝世后灵柩曾停放此处。

拜殿始建于明,面阔 5 间,进深 3 间,黄琉璃瓦歇山顶,重昂七踩斗拱。室外为和玺彩画,室内为金龙枋心旋子点金彩画。殿内为彻上明造,无廊步,歇山角梁与采步金和下金檩相交于垂柱,彰显明代无廊殿座的结构特征。现大殿所有门窗装修已非旧物,中间 3 间为玻璃隔扇门,梢间槛窗也是仿古玻璃窗。

祭坛

拜殿之南即为祭坛,祭坛即社稷坛,因坛上供奉"太社""太稷"神主而得名,又因坛面覆土分为五色而俗称五色土。

祭坛为汉白玉石砌成的正方形3层平台,四出陛,各3级。上层边长15米,第二层边长约16.8米,下层边长约17.8米。社稷坛是严格遵照古制而筑的,坛上层铺五色土:中黄、东青、南红、西白、北黑。坛中央原有一方形石柱,为"社主",又名"江山石",象征江山永固。石柱半埋土中,后全埋,1950年移往他处;原坛中还有一根木制的"稷主"已无存。当时坛中所铺五色土是由全国各地纳贡而来,每年春秋二祭由顺天府铺垫新土。明弘治五年(1492年)将所铺坛土由二寸四分改为一寸,后皆遵此制。坛四周建有宇墙(墉),墙顶依方位覆青、红、白、黑四色琉璃砖,宇墙每边长62米,高1.7米,四面均立一汉白玉石棂星门,门框亦为石制,原各装朱扉两扇。西南除社稷坛、享殿、戟门外,在内坛墙内还有神厨、神库,坐西朝东,面阔5间,进深5檩,南北并列,之间加建一过厅,其西边内坛墙处开一拱门通宰牲亭,宰牲亭位于坛墙西门外南侧,为屠宰祭祀用牺牲之处,黄琉璃瓦歇山顶,四角重檐,方形,每边均面阔3间,亭东南有一井亭,现仅存基础和井口。其外有垣墙一重(大部分已拆除),接于西坛墙,在北墙正中有砖石结构琉璃瓦券门一座,黄琉璃筒瓦歇山顶,面阔1间,檐下有仿木绿琉璃三踩斗拱。

中华民国二年(1913年)5月,交通总长朱启钤巡视社稷坛,见社稷坛"古柏参天,殿宇崔巍,且前临街衢,后濒滨河,地处内外城中央，位置适中。惟因废弃经年，蒿草遍地，又有坛户所饲羊豕，污秽不堪，殊觉可惜"，遂生兴办公园之念。朱启钤以"禁御既除，熙攘弥便，遂不得不亟营公园，为都人士女游息之所"，主持将社稷坛辟为公园。因社稷坛地处北京城区中心，旋命名中央公园。

朱启钤既辟社稷坛为中央公园，遂又主持成立了中央公园董事会负责公园诸项事务。公园董事会确定"就坛改建"的中央公园建设原则，大举建设，在天安门之右红垣上辟园门，门内建轩厅，接廊庑。又"西拓缭垣，收织女桥御河于园内，南流东注，迤逦以出皇城。撤西南复垣，引渠为池，累土为山"，建水榭、唐花坞、来今雨轩、投壶亭、绘影楼、春明馆诸景，以后又移习礼亭、兰亭石刻及青云片、青莲朵、搴芝、绘月诸湖石置于林间水次，建公理战胜坊、药言亭、喷水池诸景观，园中更广植花木，尤以牡丹、丁香、海棠、太平花称胜。

1928 年，为纪念孙中山，改中央公园为中山公园，并命名拜殿曰"中山堂"。

中华人民共和国成立后，中山公园建设更富新意，1952 年10 月，将园中"公理战胜坊"易名"保卫和平坊"，由郭沫若书题，镌石为额；又先后在社稷坛墙内建愉园、惠芳园。现一年一度的郁金香节，更是将春季的中山公园装扮得花海如潮、五彩缤纷。

1988 年，国务院公布社稷坛为全国重点文物保护单位。

春耕籍田——先农坛

先农坛位于西城区永定门内大街,与天坛隔路相望,是明清两朝帝王祭祀神农、耕籍田的地方。神农又名田祖、先啬,汉代人们开始称为"先农"。先农坛始建于明永乐十八年(1420年),初名山川坛。

中国以农业立国,历代皆重农耕,传说上古时,有神农尝百草,遂有农业,后世尊为农神,于是有了先农之祭。周代,周公在镐京之郊辟田,由天子亲耕。汉代定"春耕籍田,官祠先农"制度,以后经由魏、晋及唐、宋,累朝皆设其礼,举先农之祀。元代亦于大都东郊辟地为籍田,设先农坛、先蚕坛两坛,坛制皆从社稷坛,唯不建五色土,坛墙亦只饰以青。

明永乐十八年(1420年),永乐皇帝营建南郊,建大祀殿及山川坛。《春明梦余录》记曰:"山川坛在正阳门南之右,永乐十八年建。缭以垣墙,周迥六里。洪武三年,建山川坛于天地坛之西。正殿七坛:曰太岁,曰风、云、雪、雨,曰五岳,曰四镇,曰四海,曰四渎,曰钟山之神。两庑从祀六坛:左京畿山川,夏、冬季月将;右都城隍,春、秋季月将。二十一年,各设坛于大祀殿,以孟春从祀,遂于山川坛惟仲秋一祭。"

明万历四年(1576年),山川坛改为先农坛,设先农祠祭署,先农坛之名由此而来。清雍正四年（1726年）颁旨令全国各府州县均建先农坛、行耕籍礼，以示重农。由于北京先农坛是皇帝亲祭之所，而且规模宏大，所以享有"神州先农第一坛"的美誉。

先农坛主要景观有：先农神坛、太岁殿、观耕台、具服殿、神仓、庆成宫。

先农神坛

先农神坛位于先农坛内坛西部，紧邻太岁殿，是祭祀先农之神的祭坛。先农神坛建于明永乐十八年（1420年），坛方形，石包砖砌，方四丈七尺，高四尺五寸，四出陛，阶八级。

先农之神为古代三皇之一的神农氏，传说神农氏是中国农业的开拓者，《周易·系辞下第八》："包牺氏没，神农氏作，所木为耜，揉木为耒，耒耨之利，以教天下，盖取诸益。"以后人们即尊其为中国的农业之神，每年仲春亥日皇帝率百官到先农坛祭祀先农神并亲耕（称为籍田礼）。

观耕台

观耕台在具服殿之南，是皇帝举行耕籍礼时观耕的地方，永乐皇帝建山川坛时为木作，清乾隆十九年（1754年）将其改为砖石结构，台周饰以黄琉璃瓦，并以汉白玉石栏围绕，装饰分外华丽。观耕台坐北向南，高1.9米，台面方16米，以方砖细墁，东、西、南三面设9级台阶，周围环以汉白玉栏板，台底须弥座由黄绿琉璃砖砌成，侧面雕有莲花图案。观耕台前有籍田，为一亩三分地，是皇帝亲耕田亩。

籍田

籍田，也称耤田，是孟春时春耕之前，天子亲自扶犁耕田的典礼。是古代祈求丰收的一种礼俗，也是中国古代宫廷吉礼中的一项礼仪，又称"亲耕"，寓意着重视农耕。中国古代自西周、秦汉以下，各个朝代大都举行籍田礼。一般选在仲春亥日，届期清晨，皇帝以太牢祭祀先农之神后，赴国都南郊择农田，天子亲自下田执耒（后代执犁）三推三返，群臣以次耕，王公诸侯五推五返，孤卿大夫七推七返，士九推九返，然后籍田令率其属耕播毕，礼成，命天下州县及时春耕。明清两朝均行籍田礼，皇帝祭祀先农坛后到具服殿更衣，换下礼服后再到籍田躬耕。一亩三分地分为12畦，皇帝右手扶犁，左手执鞭，赶牛亲耕籍田。明代往返推犁4趟，清代3趟。皇帝完成三推三返之后，从西阶上观耕台，端坐御座上观看各级官员耕作。随从大臣扶犁耕田，七推七返之后请岁长的老者牵牛，顺天府尹扶犁耕田。籍田收获的粮食存贮于神仓，用于各坛庙祭祀献食。中华民国时期以后籍田被废除，原址现为育才学校操场。

观耕台西有8座石龛，四北向、二东向、二西向，石龛造型别致，雕刻精美，是天神地祇坛遗物。天神地祇坛位于先农坛南部，建于明嘉靖十一年（1532年），现仅此八座石龛得到完整保存，1990年移至现址安放。

具服殿

观耕台北为具服殿，殿面阔5楹，单翘单昂五踩镏金斗拱，绿琉璃瓦歇山顶，施合玺彩画。殿座为砖砌石条边方形台，南向、东西向出陛。具服殿是皇帝亲耕前更衣之所。

具服殿东壁嵌石碣,为清嘉庆朝内阁学士铁保撰文,内容记述嘉庆十八年(1539年)礼部尚书王春甫及其门生俱任职礼部,称为"一堂三荣,千载稀逢"之事。

神仓

神仓为一组仓储建筑,位于先农坛北二道坛门内,太岁殿东,建于明永乐十九年(1421年),初为旗纛庙,是祭祀旗纛之神的庙宇。清乾隆十七年(1752年)改建为专用于存储祭祀五谷的粮库。

神仓院坐北向南,中轴线从南向北依次为山门、收谷亭、圆檩神仓、祭器库,左右分列仓房、神仓、值房。

收谷亭是秋季举行籍田谷物收成仪式之所,建筑平面为四方形,面积49.9平方米。四角攒尖顶,瓦面为黑琉璃瓦绿剪边,外檐施雅伍墨旋子彩画,内檐为雄黄玉旋子彩画。

神仓因为用以存储皇帝亲自种植的谷物故有"天下第一仓"的美誉。神仓圆形,直径8.6米,屋面为圆攒尖顶,黑琉璃瓦绿剪边,环转8柱,柱间用木隔扇连接,南设格扇门,施雄黄玉旋子彩画,传雄黄玉有御虫蚄功效,神仓采用雄黄玉旋子彩画表明祭祀粢盛的贵重。神仓建筑面积58平方米,室内平铺方砖,上置厚高16厘米、宽13厘米的木地梁,上铺木板用于防潮。《唐土名胜图会》卷四载:"仲春吉亥日,皇帝亲到耕地","至秋夏,奏闻结实,就择吉日,贮之神仓。祭祀天地宗庙社稷时使次粢盛"。

祭器库建筑面积245平方米。面阔5间26.17米,进深2间

9.36米（4椽5檩），明间有礓磋踏步，悬山顶屋面，上铺削割瓦。此座建筑造型开阔而矮小，檐柱高3.16米，而间阔为4.8米左右，建筑仅明间开四扇格扇门，四抹头，其余各间为格扇窗。

两侧南部仓房建筑面积各为76.9平方米。面阔3间10.48米，进深一间7.34米（4椽5檩），前檐明间置3级台阶，硬山顶屋面，上铺削割瓦。建筑仅明间开格扇门，其余各间为格扇窗。

北部仓房建筑面积各为96.5平方米。面阔3间12.44米，进深1间7.76米（4椽5檩），前檐明间置3级台阶，悬山顶屋面，上铺黑琉璃瓦绿剪边。明间瓦顶正中设悬山顶天窗，天窗高约2.6米，长1.76米，宽0.78米。建筑仅明间开格扇门，其余各间为格扇窗。

两侧最北端值房建筑面积各为119.8平方米。面阔3间14.36米，进深2间8.34米（4椽5檩），前檐明间设1级如意踏步，悬山顶屋面，上铺削割瓦。建筑仅明间开门，其余各间为窗。

明清两朝每年仲春三月上亥日，皇帝亲率百官到先农坛祭拜先农之神。故宫所存清代祭先农坛坛图真实地记录了清雍正皇帝祭祀先农坛的情景。

庆成宫

庆成宫位于先农坛门内，外坛的东北部，建于明天顺二年（1458年），初为山川坛斋宫，清乾隆二十年（1755年）大修后更名为庆成宫。

庆成宫坐北朝南，内外三进院落，院墙东西长122.84米，南北宽110.14米，占地面积13529.6平方米。主要建筑南向北依次为宫门、内宫门、正殿、后殿、值守房。内宫门与大殿间院墙东西各有拱券掖门1间。所有建筑及围墙全部为绿琉璃瓦。

庆成宫宫门为单檐歇山顶三孔砖仿木拱券建筑，绿琉璃瓦剪边，三踩单昂磨砖斗拱，面阔5间。崇基，环以汉白玉石栏，前后三出陛，中陛铺石雕御路。

正殿单檐庑殿式，有推山，绿琉璃瓦。檐柱头有砍杀。斗硕为五踩单翘单昂镏金斗拱。明间、补间斗拱6攒，次间、梢间为4攒，四周共用柱头斗拱16攒（包括4攒转角斗拱），补间斗拱64攒。补间斗拱为真下昂，挑金做法。昂后尾挑于正心檩与下金檩之间的枋下，枋上挑檐椽，枋两端通过驼峰，搁置于抱头梁或六架梁上。内檐下金垫板与下金枋之间，置一斗三升隔架科斗拱，金龙和玺彩绘，通面阔5间，进深3间（9椽7檩）。殿内明间南部减去金柱2根，殿内有天花。殿宇前檐5间，通开六椀菱花格扇门，后檐明间设门，通后殿。前置月台，月台"凸"字形，周圈安装有汉白玉石栏板，南向置台阶一，9级，中铺雕龙石板，两侧东西向7阶台阶各一。南阶两侧有日晷、时辰牌龛，俱白石成造，雕刻精致，原是皇帝斋戒时记录时间的设施。

后殿单檐庑殿顶，绿琉璃瓦，单翘单昂五踩斗拱，面阔5间。左右为值守房，东西向，硬山卷棚绿琉璃瓦顶，一斗三升斗拱，饰旋子彩绘，格栅门窗。

庆成宫明代原为山川坛斋宫，清乾隆二十年（1755年）后为皇帝行耕籍礼礼成之后赐宴庆成之所。

1900年，庆成宫曾被美国军队占用，一度改为野战医院，中华民国时期一直为医疗机构占用。1949年后成为中国医学科学院药物研究所宿舍。

1912年以后，先农坛外坛墙大都被拆卖，坛域划为城市建设用地，先后建设了市场、游乐场、居民区及医疗单位等，先农坛内坛于1915年被改为城南公园。1936年先农坛外坛东部建体育场，即今先农坛体育场。1949年先农坛内坛辟为北京市育才学校。1985年北京市文物局将先农坛祭坛、神厨、观耕台、太岁殿区域辟为北京市古代建筑博物馆。

1979年，先农坛被列为北京市文物保护单位。2001年被列为全国重点文物保护单位。

太岁坛

太岁坛为京师九坛之一，位于先农坛内。

太岁坛建于明永乐十八年（1420年），初名山川坛，明嘉靖十一年（1532年）改为太岁坛。是明清京师九坛之一，因为祭祀建筑形式为殿宇式也称太岁殿。

中国古代以木星为太岁之神，认为太岁一岁一行，十二辰而一周天。明朝初年，太祖朱元璋定于山川坛祭祀太岁之神并十二月将之神。永乐皇帝迁都北京，于南郊建山川坛，合祀太岁、城隍、天神地祇诸神。明嘉靖十一年（1532年）嘉靖皇帝诏命于山川坛南建神祇坛，分祀天神、地祇，另建都城隍庙，原山川坛改为太岁坛，专祀主宰农时地利的太岁之神及春夏秋冬十二月将之神。

太岁是值岁之神，皇帝每年正月上旬吉日和腊月末或亲诣或遣官祭祀，以求太岁赐吉祥，保佑国泰民安。每岁清明皇帝在先农坛行躬耕礼之后，也要到太岁殿拈香。

太岁殿位于先农坛内坛北二道坛门内，其东邻神仓，西为先农坛神库，南为具服殿，占地约9076平方米。建筑中轴线从南向北依次为拜殿、太岁殿，东西两侧各有配房11间，建筑间用围墙相连，拜殿两侧墙及东西墙北侧共设随墙门4个。太岁殿的建筑体量为先农坛之最。

太岁殿为正殿，面阔7间，金碧辉煌。太岁殿建筑结构属典型的明代官式建筑，雄伟高大，建筑面积1118.2平方米。通面阔7间51.35米，明间、梢间前置六阶台阶，进深3间（12椽13檩）25.7米。其木构架结构形式基本与故宫太和殿上层类似。彻上明造。屋面单檐歇山式，黑琉璃瓦绿剪边。柱础石为素面覆盆式，檐柱高6.2米，柱头有砍杀。金柱高10.35米，建筑室内总高15.97米。斗拱为七踩单翘双昂镏金斗拱，明间及次间、补间斗拱6攒，梢间及尽间为4攒，四周共用柱头斗拱22攒（包括4攒转角斗硕），补间斗拱96攒。殿宇前檐7间各开4扇格扇门，其余三面砌墙，格扇为四抹头，菱花为三交六椀。殿内明间正北为石雕太岁坛台，坛上设神龛，为太岁神位。坛台高1.26米，宽1.47米，长2.9米，台座四周雕刻以卷云、莲花等饰物。

正殿东西两侧为配殿，皆单檐歇山顶，黑色琉璃瓦绿剪边屋面，外檐以金龙和玺彩绘，是祭祀十二月将之神的地方。东西配殿建筑面积各为755.3平方米。为悬山黑琉璃瓦屋面，崇基。明间置5阶台阶，南北两侧于廊步尽头置如意踏跺3级。各殿面阔11间55.56米，进深3间（6椽7檩）13.58米，各开间开4抹方格4扇格扇门，前出廊。其殿宇梁架每一结点的柱头直接承载大斗，斗正面出梁头，侧面出檩枋，柱间用额枋相连接，柱头有卷杀，柱有侧角，饰旋子彩画龙锦枋心。

正殿之前为拜殿，又称南殿，面阔7间，中为穿堂。拜殿建筑面积约860平方米。通面阔7间50.96米，进深3间（8椽9檩）16.88米。前置332.5平方米的月台，南向设有6级台阶3个。后檐分别在明间、梢间置6阶台阶。殿内北部减去金柱4根，其木构架结构与宋《营造法式》的"八架椽屋对六椽用三柱"类同。彻上明造。屋面单檐歇山式，黑琉璃瓦绿剪边。檐柱头有砍杀。斗拱为五踩单翘单昂镏金斗拱，明间及次间、补间斗拱6攒，梢间及尽间为4攒，四周包括4攒转角斗拱共22攒。殿宇前檐3明间用4扇格扇门，梢间下砌槛墙，上置4扇格扇窗，尽间砌墙，后檐7间全开4扇格扇门。所有格扇门、窗俱为四抹头三交六椀菱花。

太岁殿拜殿前东南侧有砖仿木结构无梁建筑焚帛炉一座，为焚烧纸帛祭文之用。面阔6.6米，进深3.74米，歇山屋面，黑琉璃瓦绿剪边，须弥底座，西向设3个大小不同的拱券门（中门稍大），四角有圆形磨砖圆柱，柱上砖制额枋处雕刻旋子彩画，上置砖仿木五踩单翘单昂斗拱。

太岁殿在中华民国时期曾辟为先烈祠，1950年成为北京育才学校礼堂。1987年收归北京市文物部门管理，同期进行了大规模的抢救性修缮，现为北京古代建筑博物馆。太岁殿内明间有清代祭祀太岁原状陈设，次间、梢间及配殿为中国古代建筑展。

先蚕坛

先蚕坛是北京最后建成的一座祭坛，也是京师九坛之一。先蚕坛位于今北海公园内东北隅，南北长130米，东西宽132米，是清代皇后祭祀蚕神、举行先蚕礼的场所。

先蚕坛供奉先蚕之神，为中华民族始祖黄帝的妻子嫘祖。

传说嫘祖发明了养蚕和缫丝技术，因此奉为先蚕神祭祀。《春秋谷梁传》有"天子亲耕，王后亲蚕"的记载，皇后亲桑以奉祭服与天子耕田和王后养蚕都是一种祭祀的形式。

历史沿革

北京在元大都时曾建有先蚕坛，明朝早期则无先蚕礼，明嘉靖九年（1530年）一月，朱厚熜接受夏言的建议，敕礼部曰："古者天子亲耕，皇后亲蚕，以劝天下，自今岁始，朕亲祀先农，皇后亲蚕，考其古制，具仪以闻。"张璁于是奏请在安定门外建先蚕坛并呈上先蚕坛图，朱厚熜阅后又亲自修改，遂准如图建坛，当年四月，坛成，朱厚熜遂使皇后行亲蚕礼，按礼部"皇后亲蚕仪"大摆銮驾，皇后在上千余嫔妃命妇的簇拥下，浩浩荡荡地从北上门经地安门，再至安定门外先蚕坛，沿途有上万官兵护卫，蚕坛周围也设大量官兵警戒，声势喧哗，轰动京城。礼部官员因奏闻："皇后出郊亲蚕非便。"由于蚕坛整体工程尚未完成，而安定门外又缺少水源，礼部官员奏称无法举行浴蚕礼。朱厚熜于是又决定按照唐代制度，建坛于西苑，朱厚熜亲领大学士张璁、礼部尚书李时度地于西苑仁寿宫前，勘定坛址，即命二人负责修建工程。嘉靖十年（1531年），西苑先蚕坛建成，以后即于是处举行亲蚕礼。嘉靖三十八年（1559年），朱厚熜下令停止举行亲蚕礼。隆庆元年（1567年），穆宗皇帝诏撤先蚕坛，明西苑先蚕坛遂废。

清代康熙年间于西苑丰泽园建蚕室，养蚕以缫以织。雍正年间定以季春吉日，用少牢祀先蚕，还在安定门外建先蚕坛，后来因该处无水源而辍工。乾隆七年（1742年）乾隆皇帝敕议亲蚕礼。七月，大学士鄂尔泰上疏称，天子亲耕、皇后亲蚕乃古制，请建蚕坛。八月，内务府大臣海望考证历代规制，请择址于北海东北岸建先蚕坛。乾隆皇帝命于西苑内建先蚕坛。乾隆九年（1744年），先蚕坛建成。《日下旧闻考》记其制，曰："先蚕坛，在西苑东北隅，乾隆七年建，垣周百六十丈，南面稍西正门三楹，左右门各一，入门为坛一成，方四丈，高四尺，陛四出，各十级，三面皆树桑柘，西北为瘗坎。我朝自圣祖仁皇帝设蚕舍于丰泽园之左，世宗宪皇帝复建先蚕祠于北郊，嗣以北郊无浴蚕所，因议建于此。"

皇后祭"先蚕"礼在每年季春（阴历三月）择吉日举行，吉日辰初刻（早8时），皇后率妃嫔人等乘舆出宫，赴先蚕坛。至坛内壝左门降，入具服殿，盥洗毕，登上亲蚕坛，行六拜、三跪、三叩礼。仪式依迎神、初献、亚献、终献、撤馔、送神、视瘗等程序，循序进行，又有躬桑、献茧缫丝等仪程。清乾隆九年（1744年），孝贤皇后亲蚕，举行了清代第一次皇后亲蚕礼。以后历朝皇后均行亲蚕礼。

先蚕坛是古代统治者重视农桑的具体表现形式，清代规定仲春月巳日，皇后或亲自行礼或遣女官至先蚕坛祭祀蚕神。亲蚕礼也是清代所有国家祭祀典礼中唯一一项由皇后主持的礼仪。

建筑概况

先蚕坛位于北海东北岸，濒湖而建，红墙绿瓦，外垣周一百六十丈，南向建坛门，坛门外有桑园。墙内有先蚕坛、观桑台、亲蚕殿、先蚕神殿、浴蚕池、茧馆及神厨、神库、蚕署等建筑。

先蚕坛

先蚕坛是皇后举行亲蚕仪的祭坛，坛方形，石包砖砌，方四丈七尺，高四尺五寸，四出陛，阶8级。殿3楹，西向。坛东为观桑台。

观桑台

观桑台是皇后举行观桑仪式的瞭望台，广三丈二尺，高四尺，陛三出。台前为桑园，园内种植桑树，每年春季皇后率嫔妃及百官夫人至桑园采桑，皇后率先采桑，然后上观桑台御座观从者采桑。而随同皇后参加亲蚕礼的嫔妃、王福晋、命妇、宫女依次采桑。采桑人等级不同，采桑数亦不同。

亲蚕殿

观桑台后为亲蚕门，绿琉璃瓦歇山顶，门左右连接朱红围墙，围墙北折构成一院落。院内前殿为茧馆，5开间，绿琉璃瓦歇山顶，前后出廊，三出阶，各5级。东西配殿各3间，绿琉璃瓦硬山顶。后殿为亲蚕殿，5开间，绿琉璃瓦悬山顶，五花山墙，前后出廊，明间出阶。有东西配殿各3间，前后殿间有回廊相连。亲蚕殿内恭悬皇上御书，额曰"葛覃遗意"，联曰"视履六宫基化本，授衣万国佐皇猷"。

亲蚕殿后为浴蚕池。

浴蚕池

浴蚕池是皇后洗蚕的水池，池北为后殿，后殿恭悬皇上御书，额曰"化先无斁"，联曰"三宫春晓觇鸠雨，十亩新荫映鞠衣"。屏间俱绘蚕织图，规制如前殿。浴蚕池连接浴蚕河。

浴蚕河

浴蚕河是蚕妇洗蚕缫丝的地方。浴蚕河水源自什刹海，经北海后水闸引入蚕坛，自北向南穿坛流过，河上南北各架一木桥，南桥之东为先蚕神殿，北桥之东为蚕所，河由南垣出，设牌启闭。

观桑台东南有先蚕神殿3间。坐东朝西，硬山顶，前出廊，三出阶。殿南北分别为井亭、宰牲亭各1座，方形绿琉璃瓦攒尖顶。

殿西，北有神库 3 间，南有神厨 3 间，均为绿琉璃瓦硬山顶。神殿以北有蚕署 3 间，蚕署以北有蚕室 27 间。先蚕坛坛门外东南有一独立院落，其中有陪祀公主福晋室及命妇室各 5 间，均西向、灰瓦硬山顶。

先蚕坛是乾隆年间唯一一座新建的祭坛，乾隆皇帝将它建在西苑太液池畔，使它有绿波流徙，垂柳拂墙，几如御苑中离宫别馆。

先蚕坛其余建筑还有牲亭、井亭、神库等。

先蚕坛坛墙、坛门均保存完好，基本格局尚存，只是内中古建筑多已改观。现北海团城东侧的桑园门，也是先蚕坛遗物。

八 庙

庙，"祖貌也，为祀先人之宫室，即祭祀祖先和先贤的殿宇"。《礼记·中庸》称为："宗庙之礼，所以祀乎其先也。"

敬天法祖——太庙

太庙，位于天安门之左，始建于明永乐八年（1410年）。是明清两朝皇帝祭祀祖先的宗庙，总面积19.7万平方米，其中水面2.24公顷。

历史沿革

中国传统儒家文化认为祖先祭祀具有"序昭穆，崇功德，敬老尊贤，追远睦族"的作用，故极其推崇尊祖重农的政治理念。

《周礼·考工记》记述："匠人营国，方九里，旁三门，国中九经九纬，经涂九轨，左祖右社，前朝后市。""左祖"，是指在皇宫左前方设祖庙。儒家经典《中庸》即称："宗庙之礼，所以祀乎其先也。"祖庙就是帝王祭拜祖先的神庙，因为是天子的祖庙，故称太庙。中国历代王朝皆遵《周礼》规制建太庙于皇宫之左，彰显"敬天法祖"的政治理念，表达对祖先的尊重，并祈求祖先保佑帝王家族血亲统治的稳固。按明清礼制，太庙祭祀礼仪有每年四季首月祭典，称"时享"，岁末祭典称"祫祭"，皇室婚丧、登极、亲政、册立、征战等家国大事之祭典称"告祭"。另外，皇帝驾崩后也要建牌位于太庙，称为祔庙。

1368年，朱元璋建立明王朝，定都南京，按传统礼制建太庙。明永乐四年（1406年），永乐皇帝朱棣改北平为北京，诏按南京制度建北京太庙，永乐十八年（1420年）十二月末建设完成。永乐十九年（1421年）元旦，永乐皇帝朱棣举行北京太庙奉安大祀，亲奉朱氏祖先五代神主入祀太庙。

明嘉靖四年（1525年），朱厚熜为乃父建兴献王庙于太庙之东，当时张璁曾上"庙街议"一疏，为兴献王庙择址于太庙东垣之外，每岁享祀，礼如太庙。但朱厚熜一直以乃父不能入祔太庙为憾事，耿耿于怀。嘉靖十一年（1532年），有廖耀南上疏，请改太庙庙制。这时，朱厚熜已经建成天、地、日、月、先蚕、神祇诸坛及历代帝王庙，使永乐皇帝所定诸坛制度易辙。但朱厚熜改制之心并未消泯，阅廖耀南奏章之后，即决定拆掉太庙，改九庙一堂制为各设专庙制，使先帝各自有庙。

嘉靖十五年（1536年），新建太庙成，诸帝各有专庙。太祖庙居中，其后祧庙，以成祖入祔祧庙，而仁宗以下按昭穆制设庙于太祖庙左右，各为都宫。尊兴献王为睿宗，兴献王庙为睿庙，亦使入昭穆之序中。

新太庙建成不久，即于嘉靖二十年（1541年）四月被雷击失火，烈焰将诸庙吞没，独睿庙未殃及。朱厚熜大为惊骇，以为是上天示警，谴责他违祖制，改太庙，遂于嘉靖二十二年（1543年）诏循旧制重建太庙。

清顺治元年（1644年）五月，清廷摄政王多尔衮率清军击败李自成进入北京。六月，多尔衮将明太祖及明历代神主迁出太庙，易明太庙为清太庙。九月，清世祖福临奉清历代先帝神主入享北京太庙。

乾隆元年（1736年），清乾隆皇帝谕内阁，曰："国家式崇太庙，妥侑列祖神灵，岁时祗荐明禋，典礼允宜隆备，今庙貌崇严，而轩楹榱角久未增饰，理应敬谨相视，慎重缮修，以昭黝垩示新之警。"工部遵旨开始大举修缮太庙，所有损缺残破瓦件皆予以更换，油饰彩画均重新作过。

1912年2月，清末代皇太后隆裕太后代表清王朝颁布皇帝退位诏书，将清廷政权移交中华民国政府，北京各坛庙也皆由清典礼院移交中华民国政府，独太庙依据《清室优待条件》仍属清室。逊清小朝廷每岁仍奉祀太庙，享祭列祖列宗，香火如常。北京各界对此久已愤懑，提出"皇帝已经倒了，太庙何以独存"，屡屡吁请中华民国政府收回太庙。1924年10月，冯玉祥发动北京政变，逼迫总统曹锟退位，邀请老同盟会会员黄郛组成摄政内阁。11月4日黄郛内阁议决驱逐清废帝溥仪出宫，废除帝号。旋由摄政内阁与清室修正优待条件。11月5日，冯玉祥国民军逐溥仪出宫，由中华民国政府国务院、京畿警卫司令部及清室内务府共同组成清室善后委员会，将皇宫改为故宫，一并接收太庙，移走清皇室牌位，辟太庙为公园。因冯玉祥以和平为己任，遂以和平公园命名。1925年10月10日，故宫博物院成立，太庙遂由故宫博物院辟为分院，再改称为太庙。太庙原建筑格局基本维持原貌，只在南部垣墙上新辟宫门，其制与中山公园南门相同。

1950年经周恩来总理提议，第一次政务院会议批准，太庙被移交给北京市总工会，辟为职工群众的文化活动场所——劳动人民文化宫。1950年4月30日，毛泽东主席亲笔书写的"北京市劳动人民文化宫"匾揭幕，5月1日，北京市劳动人民文化宫正式开放，成为劳动人民的乐园。1952年开始在太庙东南隅筑土堆山，山上垒以石、植以树、浚以池，并在树林、古建间隙地建成劳动剧场、灯光球场、电影院、图书馆、展览橱窗等文化设施。

1950年10月27日，中央书记处书记任弼时病逝。中共中央任弼时治丧委员会在太庙为任弼时举行追悼会。以后，多位中国共产党和国家领导人逝世，都曾于太庙前殿停灵及举行公祭。

1988年1月，太庙被公布为全国重点文物保护单位。

建筑概况

太庙是皇帝举行祭祖典礼的地方，建筑极尽奢华。其主要建筑天花板及廊柱皆贴赤金花，制作精细，装饰豪华。大殿两侧各有配殿15间，东配殿供奉历代有功皇族神位，西配殿供奉异姓功臣神位。大殿之后的中殿和后殿都是黄琉璃瓦庑殿顶的9间大殿，中殿称寝殿，后殿称祧庙。此外还有戟门、神厨、神库、宰牲亭、治牲房等建筑。又有玉带河、古柏林等景观。

太庙门

太庙门为太庙正门，即皇帝祭祀太庙时行经之门。建筑形制为随墙门，于红垣下前后贴墙出檐歇山黄琉璃筒瓦顶，左、中、右3孔，砖座，俱仿木琉璃五踩双昂斗拱，门前为太庙街。太庙街横贯太庙前，西接天安门内的太庙街门，东至太庙门，为皇帝祭享太庙时的御道。街旁遍植松柏，古木参天，浓荫蔽地。

玉带河

太庙门内有河名玉带河，为太庙御河，河岸石砌，河流逶迤，形如玉带，故有玉带河美誉。玉带河源自天安门前金水河，河水清澈，波澜不惊，倒映庙堂之盛。河上架7座单孔石桥，桥宽8米，两侧有汉白玉护栏，龙凤望柱交替排列。乾隆年间引护城河水流经桥下，并对桥身及栏杆进行改建。正中的桥是皇帝走的御路桥，两边为王公桥，次为品级桥，边桥2座供常人行走。

戟门

戟门，太庙仪门，建于明永乐十八年（1420年）。面阔5间，进深2间，黄琉璃瓦单檐庑殿顶，汉白玉绕栏须弥座，台阶9级，中饰丹陛。正门两侧各有一黄琉璃瓦单檐歇山顶的旁门。戟门内原有朱漆戟架8座，共插银镦红杆金龙戟120条，1900年被入侵北京的八国联军全部掠走。戟门内有砖燎炉，为焚烧享殿和享殿西配殿的祝版和丝帛而设。戟门通体用素白琉璃构件砌造，质地细腻坚硬，整体仿造木结构建筑，筒瓦单檐歇山顶，檐下饰以斗拱额枋，炉身四角有圆柱，炉膛门上雕花饰带，其余三面雕刻菱花，下为须弥座，雕工精美。

享殿

享殿，也称太庙前殿，亦称正殿，始建于明永乐八年（1410年）。黄琉璃瓦重檐庑殿顶，檐下悬满汉文金匾"太庙"。整座大殿坐落在高3.46米的3层汉白玉须弥座上，围以汉白玉护栏，护栏望柱浮雕皆为龙凤纹。气势雄伟，装饰华丽，是明清皇帝举行祭祖大典的神殿。

享殿初为9开间，清乾隆末年，遵清高宗谕改为11开间，面阔68.2米，进深6间，深30.2米。殿高32.46米，地面墁铺金砖。享殿共68根大柱，皆是整根金丝楠木，最高的达13.32米，直径最大的达1.2米，殿内明间和次间的殿顶天花、殿柱皆贴赤金花，余间皆绘金龙和玺彩画，殿内设木制金漆神座，座前设笾豆案等祭器，置稻粱、果蔬、牺牲、香烛、福酒等祭品。祭典时将祖先牌位从寝殿移至此处神座安放。

明清时代享殿配殿为供奉功臣之所，清代东配殿15间，供奉雅尔哈齐、代善、多尔衮、济尔哈郎、策凌等皇族13人，享殿西配殿15间，供奉费英东、张廷玉、傅恒、阿桂、福康安等13名功臣，配殿北端两间是存放祭器之处。

中殿

太庙中殿，又称寝殿，位于享殿后，黄琉璃瓦单檐庑殿顶，面阔9间，宽度为62.31米，进深4间，深达20.54米，殿高21.95米。亦坐于汉白玉须弥座上，周绕石栏，望柱交错雕以龙凤，台阶中饰丹陛，是平时供奉历代皇帝、皇后牌位的地方。内设神位宝座、香案、床榻、褥枕等物。清末供奉努尔哈赤、皇太极、福临、玄烨、胤禛、弘历等11代皇帝及皇后的牌位。每次祭典前一天，将牌位移至享殿安放于神座之上，祭毕奉回。

后殿

太庙后殿，又称祧庙，始建于明弘治四年（1491年），黄琉璃瓦单檐庑殿顶，面阔9间（长61.99米），进深4间（宽20.33米），是供奉皇帝远祖牌位的地方，殿内陈设亦如寝殿。清代规制，正中肇祖、左兴祖、再左显祖、右景祖。每季首月时享皇帝委托官员在本殿祭祀，岁末将先祖牌位移至享殿袷祭。

太庙广植柏树，树龄达数百年，多为明代太庙初建时所植，少数为清代补种。树龄高者达500年以上，低者亦300年以上。700余株古柏千姿百态，苍劲古拙，浓密苍翠，绵延成林，蔚为奇观。古柏环绕太庙中心建筑群，与黄瓦红墙交相辉映，形成庄严、清幽的环境。著名古树有明成祖手植柏、太子林、树上柏、鹿形柏等。

太庙在封建时代为"万世不移之基"，殿宇恢宏，又有御河迤逦其中，波光云影，松柏蔚然。太庙中还有大群灰鹭，栖于林间，翔于天际，故北京人多呼太庙为"鹤院"。太庙中又有寒鸦，多至千万，结阵如云，日夜聒噪，为北京一大奇观。

今天，太庙是北京著名的古迹名胜，也是一处璀璨的文化景观。

景德崇圣——历代帝王庙

历代帝王庙位于西城区阜成门内大街路北，始建于明嘉靖十一年（1532年），占地面积18000平方米，是我国现存唯一的一座祭祀三皇五帝、历代帝王、历代功臣武将的皇家庙宇，与太庙、孔庙合称为明清北京三大皇家庙宇。

历史沿革

三皇五帝一直被尊为中国人的祖先，为历代帝王所景仰；在中华历史长河中，形成了从三皇五帝到历代帝王一脉相传的人物系列，后世对他们的祭祀是我国古代礼制的组成部分。先秦《礼记·祭法》记载了凡"法施于民""以死勤事""以劳定国""能御大灾""能捍大患"者，都应祭祀，认为伏羲、炎帝、黄帝、尧、舜、禹、汤、周文王、周武王等，都是这些人物的重要代表。

秦汉以后，对三皇五帝和历代帝王的祭祀不断发展变化：经历了从陵墓祭祀到立庙祭祀、从个体人物祭祀到系列人物祭祀、从分散单独祭祀到集中群体祭祀、从祭祀开国帝王到祭祀守业帝王、从祭祀华夏暨汉民族帝王到祭祀多民族帝王、从主祀帝王本人到贤臣陪祀的发展过程。

唐天宝六年（747年）唐玄宗诏于长安建三皇庙、五帝庙。三皇庙祭伏羲、神农、黄帝，五帝庙祭少昊、颛顼、高辛、唐尧、虞舜，于春秋两季用少牢致祭。

明太祖朱元璋认为"三皇继天立极，开万世教化之源，应专门立庙致祭"，提出"蒙古、色目，虽非华夏族类，然同生天地之间，有能知礼仪愿为臣民者，与华夏之人抚养无异"。洪武三年（1370年），太祖朱元璋派人寻访历代帝王陵寝，并亲自撰文，遣官员前往祭祀。洪武六年（1373年），朱元璋下诏在南京修筑历代帝王庙，确定祭祀18位历代帝王，明永乐十八年（1420年），永乐皇帝迁都北京营建北京坛庙时并未如南京制建历代帝王庙，只是在春秋仲月遣官在南京历代帝王庙致祭。

明嘉靖九年（1530年），嘉靖皇帝厘定祀典，决定按照南京历代帝王庙样式，在北京建历代帝王庙。右春坊右中允廖道南提出撤除灵济宫徐知证、徐知谔二神像，改设历代帝王神位及历代名臣神位。礼部研究后认为灵济宫地方窄隘，不足以改设帝王寝庙。嘉靖皇帝命工部另择别地建庙。

明嘉靖十年（1531年）正月十二日，工部报上建帝王庙地新址，在阜成门内保安寺旧址处。该处旧为官地，后一部分改置神武后卫，另一部分由中官陈林建私宅。其处地势整洁，且西可通阜成门外夕月坛，适合建帝王庙。得嘉靖皇帝认可。明嘉靖十年（1531年）三月十七日（壬寅），历代帝王庙营建动工，工部尚书蒋瑶行祭礼，右侍郎钱如京提督工程。

明嘉靖十年（1531年）二月，嘉靖皇帝在北京皇宫文华殿躬祭历代帝王。正殿设帝王5坛16位，丹陛东西分设名臣4坛，共37人。五月，礼部议帝王庙名臣牌位，嘉靖皇帝定视太庙功臣式，帝王神主量增高广，以别隆杀，帝王朱地金书，名臣赤地墨书。

北京历代帝王庙建设时按南京庙制设供奉神位"元世祖犹列"。明嘉靖十年（1531年）九月，有翰林官姚涞上奏，请求罢祀元世祖忽必烈，被礼部驳回，理由是"胡元受命九世，世祖最贤"，且"太祖睿断有确"，祖制不得更改。嘉靖皇帝同意礼部的意见，在帝王庙中保留元世祖的神位。嘉靖二十四年（1545年），礼科给事中陈棐奏"元以夷乱华，不宜庙祀，宜撤忽必烈及其臣木华黎等五人神主"。嘉靖皇帝从之，遂罢祀元世祖忽必烈，南京亦撤其像祀。以后历代帝王庙元世祖之缺位一直延续到明朝末年。

明嘉靖十一年（1532年）八月，北京历代帝王庙建成，八月甲午，嘉靖皇帝到帝王庙躬祭历代帝王。翰林院侍讲学士廖道南以皇帝亲祭历代帝王礼成，敬献《景德崇圣颂》。定制：每年春秋仲月上旬甲日致祭历代帝王。

清顺治元年（1644年）六月甲申，诏撤太庙明各皇帝神主，定迁明太祖位入历代帝王庙。

清顺治二年（1645年）三月甲申，将辽太祖、金太祖、金世宗、元太祖及其功臣耶曷鲁、黏没忽、斡里不、木华黎、伯颜等俱请入历代帝王庙内享祀。同时，将明太祖及明朝开国功臣徐达、刘基，唐朝名臣张巡、许远在内一并入历代帝王庙享祀，使历代帝王庙享祀的帝王增加到21位，享祀的名臣增加到41位。顺治八年（1651年）清廷命辅国公叶布舒、镇国公高塞、都统柏达里、散秩大臣完颜洪阿等与明代遗臣及太监，用黄舆把明代神主移入历代帝王庙。

清康熙元年（1662年），议准历代帝王祀典，如辽太祖、金太祖、元太祖均系开创之主，仍应入庙并祀。至商中宗、商高宗、周成王、周康王、汉文帝、宋仁宗、明孝宗守成7帝，应在各陵庙致祭，礼部遵旨将商中宗、商高宗、周成王、周康王、汉文帝、宋仁宗、明孝宗守成7帝神主撤出历代帝王庙。康熙六十年（1721年）四月初六，康熙皇帝对当朝大学士们说："朕披览史册，于前代帝王每加留意。书生辈但知讥评往事，前代帝王虽无过失，亦必刻意指摘，论列短长，全无公是公非。朕观历代帝王庙所崇祀者，每朝不过一二位，或庙享其子而不及其父，或配享其臣而不及其君，皆因书生妄论而定，甚未允当。况前代帝王曾为天下主，后世之人俱分属其臣子，而可轻肆议论、定其崇祀与不崇祀乎？今宋、明儒人尚以其宜附孔庙奏请，前代帝王，皆无后裔，后之君天下者，继其统绪，即当崇其祀典。朕君临宇内，不得不为前人言也。朕意以为，凡曾在位，除无道被弑、亡国之主外，应尽入庙崇祀。"遂将历朝历代所有曾经在位的皇帝，除亡国之君外均为其在帝王庙中设立牌位。

乾隆皇帝对历代帝王庙的祭祀尤为重视，对整座庙宇做了重大修缮，使之成为皇家最高等级的庙宇。他提出："夫天下者，天下人之天下也，非南北中外所得私。舜东夷，文王西夷，岂可以东西别乎……历代帝王胥祀于景德之殿，其有德无德，若南若北，曰中曰外，是一家非一家，章章如，昭昭如，孰可以为法，孰可以为戒，万世之后，入庙而祀者，孰不憬然而思，惕然而惧耶！"乾隆皇帝提出了"中华统绪，绝不断线"，把原历代帝王庙中没涉及朝代也选出皇帝入祀。两次谕旨增加晋、南北朝、唐、五代、金、明等朝的26位帝王入祀，使历代帝王庙祭祀的帝王从164位增至188位，龛位也从5个增加到7个，最终确定了北京历代帝王庙的祭祀规模。

历代帝王庙祭祀音乐共有7章，为迎神乐《肇平之章》、初献乐《兴平之章》、亚献乐《崇平之章》、终献乐《恬平之章》、撤馔乐《淳平之章》、送神望燎乐《匡平之章》和导迎乐《佑平之章》，音乐庄严、凝重，文舞相谐，蕴涵极为丰富。

中华民国建立后祭祀停止。1925年，孙中山先生于北京逝世，他的遗像一度供奉在景德崇圣殿里。20世纪30年代开始改由教育部门使用，陆续为简易师范、北京市第三女子中学校址。20世纪60年代末改为北京一五九中学。2004年后移交北京市西城区文化委管理，现已成为北京市著名的文物景观之一。

历代帝王庙历经明清两朝及中华民国和中华人民共和国几个历史时期，其间经过多次大规模修缮，但仍然保留了很多明代创建时的原始构件，保留了众多的文化遗存，具有较高的历史、艺术及文化价值。1979年，历代帝王庙被列为北京市文物保护单位，1996年，国务院公布其为全国重点文物保护单位。

建筑概况

庙门

历代帝王庙在阜成门内大街路北，庙门为黑琉璃绿剪边单檐歇山顶，单昂三踩斗拱，饰旋子大点金彩画。面阔3间，崇基，前后三出陛。门前三石拱桥，桥左右各立一下马碑。对面为硬山绿琉璃筒瓦顶砖须弥座一字影壁。下马碑上用汉、蒙、满等文字刻有"官员人等在此下马"，显示着历代帝王庙的威严和尊贵。门前原有2座4柱3间歇山顶琉璃牌楼，名景德街坊，1954年石桥、牌楼俱因扩建马路而被拆除，下马碑移建于庙门两侧。

景德崇圣门

历代帝王庙庙门内沿中轴线从南往北是仪门，名景德崇圣门，初为景德门，后乾隆皇帝为表对先贤的敬仰补添"崇圣"二字，改为景德崇圣门。景德崇圣门亦黑琉璃绿剪边单檐歇山顶，5开间，崇基石栏，前后三出陛，中陛枕以御路，两侧有左右掖门，门前右侧有钟楼。景德崇圣门内是历代帝王庙的主体建筑景德崇圣殿，景德崇圣殿后是祭器库，景德崇圣殿两侧有御碑亭四座及东西配殿。

景德崇圣门北是历代帝王庙里最大的一个院落。院落正中，是历代帝王庙的主体建筑景德崇圣殿。

景德崇圣殿

景德崇圣殿寓意为"景仰德政，崇尚圣贤"。殿为黄色琉璃筒瓦重檐庑殿顶，面阔9间，进深5间，象征天子的"九五之尊"。殿高21米，立有60根楠木圆柱。高大的柱子和巨大的梁架支撑着巍峨的殿顶。大殿内天花饰旋子彩画，外檐饰金龙和玺彩画，富丽堂皇。殿前有月台，环以石栏，南向三出陛，中陛十有三级，枕以御路，左右各十有一级，东西一出陛，均十有二级。

景德崇圣殿殿内悬有乾隆帝的御笔楹联和匾，匾书"报功观德"，楹联书"治统溯钦承法戒，兼资洵哉，古可为鉴；政经崇秩祀实枚，式焕穆矣，神其孔安"。殿内七神龛内供奉了188位中国历代帝王的牌位，位居正中一龛的是伏羲、黄帝、炎帝的牌位，左右分列的六龛中，供奉了五帝和夏商两周、强汉盛唐、五代十国、金宋元明等历朝历代帝王的牌位，牌位均赤底金书。

明代景德崇圣殿屋顶覆瓦为绿色琉璃瓦，乾隆二十九年（1764年）改为黄色琉璃瓦。

东、西配殿

景德崇圣殿东、西配殿为黑琉璃瓦重檐歇山顶建筑，各面阔七间。设历代功臣名将从祀神位，神位按"文东武西"的布置分别供奉在东、西配殿中。名臣中，上有黄帝时代的力牧、仓颉，中有历代名臣名将萧何、诸葛亮、房玄龄、范仲淹、岳飞、文天祥，排至末位为明代的刘基、于谦等，总计79位。所有功臣名将牌位均为红地墨书。

东、西配殿南各有一座燎炉，俱歇山顶仿木构建筑。西侧为灰砖成造，东侧为琉璃成造，是祭祀时焚烧祝文及祭品之所。

御碑亭

御碑亭位于景德崇圣殿东、西两侧,各两座,俱黄琉璃瓦重檐歇山顶,崇基砖座,南北出陛。碑亭内竖皇帝题碑。雍正皇帝、乾隆皇帝书文的御碑尤其高大,纹饰雕刻极精湛。碑首硕大的圆雕龙头凸现,居高临下,异常威严,碑下龟趺形体巨大,古朴雄浑。为全国同类御碑中的极品。

关帝庙

关帝庙位于历代帝王庙西院,为祭祀关羽之庙。建筑坐北朝南,前有庙门,内有享殿。享殿大脊硬山顶,覆灰筒瓦,3间,前有廊,饰大点金旋子彩画。明间有龛,内供关羽像,关羽端坐持笏,庙相庄严。

关羽(?—220年)本字长生,后改字云长,并州河东解(今山西运城)人,蜀汉名将。关羽去世后,其形象逐渐被神化,成为"忠义"的化身,被尊为"关公",清代时被奉为"忠义神武灵佑仁勇威显关圣大帝",崇为"武圣"。因为关羽被封为"关帝",所以不能与历代功臣名将同祀于景德崇圣殿东、西配殿内,又由于关羽是死后追封为帝的,所以他也不能入祀景德崇圣殿。但为了表彰关羽的忠义,清朝皇帝就在历代帝王庙里单独为关羽建庙,每岁祭祀历代帝王时也为关羽奉献祭品,以示敬仰。

历代帝王庙的东部院落内建有神厨、神库、宰牲亭、井亭等建筑。

万世师表——孔庙

北京孔庙又称文庙、先师庙,坐落于东城区国子监街。

历史沿革

孔子(公元前551年9月28日—公元前479年4月11日),子姓,孔氏,名丘,字仲尼,祖籍宋国栗邑(今河南省商丘市夏邑县),生于春秋时期鲁国陬邑(今山东省曲阜市),是我国古代伟大的思想家、政治家、教育家。

孔子的祖上是殷商王室的后裔、宋国的贵族。后曾祖父孔防叔移居鲁国陬邑。公元前551年9月孔子出生,长成后曾在鲁国为官,官至鲁司寇。鲁定公十三年(公元前497年)孔子离开鲁国,周游列国十四年,晚年修订六经,即《诗》《书》《礼》《乐》《易》《春秋》。孔子去世后,其弟子及其再传弟子把孔子及其所有弟子的言行语录和思想记录下来,整理编成儒家经典《论语》。他提倡"仁义""礼乐""德治教化",以及"君以民为体"。孔子被后世统治者尊为孔圣人、至圣、至圣先师、大成至圣文宣王先师、万世师表,其创立的儒家学说对中国和世界都有深远的影响。随着孔子影响力的扩大,孔子祭祀也一度成为和国家的祖先同等级别的"大祀"。

孔子死后第二年（公元前478年），鲁哀公下令在曲阜阙里孔子旧宅立庙，既今天的曲阜孔庙，此为孔子立庙之始。西汉汉高祖十二年（公元前195年）十二月，汉高祖刘邦到曲阜以"太牢"礼仪祭孔，开了帝王祭孔的先河。自汉代以后，祭孔活动延续不断，规模也逐步提升，明清时期达到顶峰，被称为"国之大典"。

北京孔庙于元大德六年（1302年）肇建。于大德十年（1306年）建成。根据"左庙右学"的礼制，同年在孔庙西侧建国子监，又称"太学"。1307年特诏命孔子加谥为"大成至圣文宣王"，所立"加号诏书"石碑，现仍耸立在北京孔庙大成门前。元文宗至顺二年（1331年），皇帝下诏恩准孔庙配享宫城规制，许孔庙四隅建角楼。元末，孔庙荒废。明永乐九年（1411年），又重新整治，并修缮了大成殿。宣德四年（1429年）修整了大成殿及两庑。嘉靖九年（1530年）为祭祀孔子五代先祖，增建崇圣祠。清乾隆二年（1737年），乾隆皇帝亲谕孔庙使用黄琉璃瓦顶，只有崇圣祠仍用绿琉璃瓦顶。光绪三十二年（1906年）祭孔的礼节升为大祀，孔庙也大规模地修缮。工程尚未完成，清朝被推翻，但修缮仍继续进行，到了1916年才最后竣工。至此，孔庙奠定了今天的规模和布局，成为仅次于山东曲阜孔庙的全国第二大孔庙。

孔庙，是元、明、清三朝皇帝举行国家祭孔的场所，每年仲春上旬丁日和仲秋上旬丁日，皇帝或亲行或遣官祭祀孔子，简称"丁祀"。

建筑概况

北京孔庙，占地 22000 多平方米，以大成殿为中心，南北成一条中轴线，三进院落，建筑左右对称，主体建筑依序为先师门、大成门、大成殿、崇圣祠。

先师门

北京孔庙大门，于清乾隆三十三年（1768 年）重修后，定名为"先师门"，大门为配有鸱吻等饰物的歇山式屋顶，顶檐下造型古朴简洁、稀疏硕大的斗拱，仍保留了典型的元代建筑风格。

大成门

大成门，崇基石栏。大成门与主体建筑大成殿，同取孔子对中国古文化做了"集大成"贡献之意。大成门前后三出陛，中为螭陛，左右各 13 级台阶。门内悬钟、置鼓各一，每逢皇帝祭孔，鸣钟 108 响，击鼓 360 通。钟鼓齐鸣，百官就位，庄严肃穆。

大成门内系中心庙院，院内青砖铺地，苍松翠柏，古树参天。中间一条笔直甬道通向大成殿，甬道两旁浓荫掩映着 11 座清代碑亭。甬道尽头是大成殿。

大成殿

大成殿是孔庙的主体建筑，是祭孔时皇帝行礼的殿宇。初建于元代，清光绪三十二年（1906 年）重建，重檐庑殿顶，覆黄色琉璃，正脊两端均装饰龙形鸱吻，四坡五脊，通高 33 米，五进九间，前檐装菱花格扇门窗。前设月台，高 2 米，环以汉白玉雕云头石栏，南、东、西三面出陛，两端各有 16 级台阶，南向

孔庙平面图

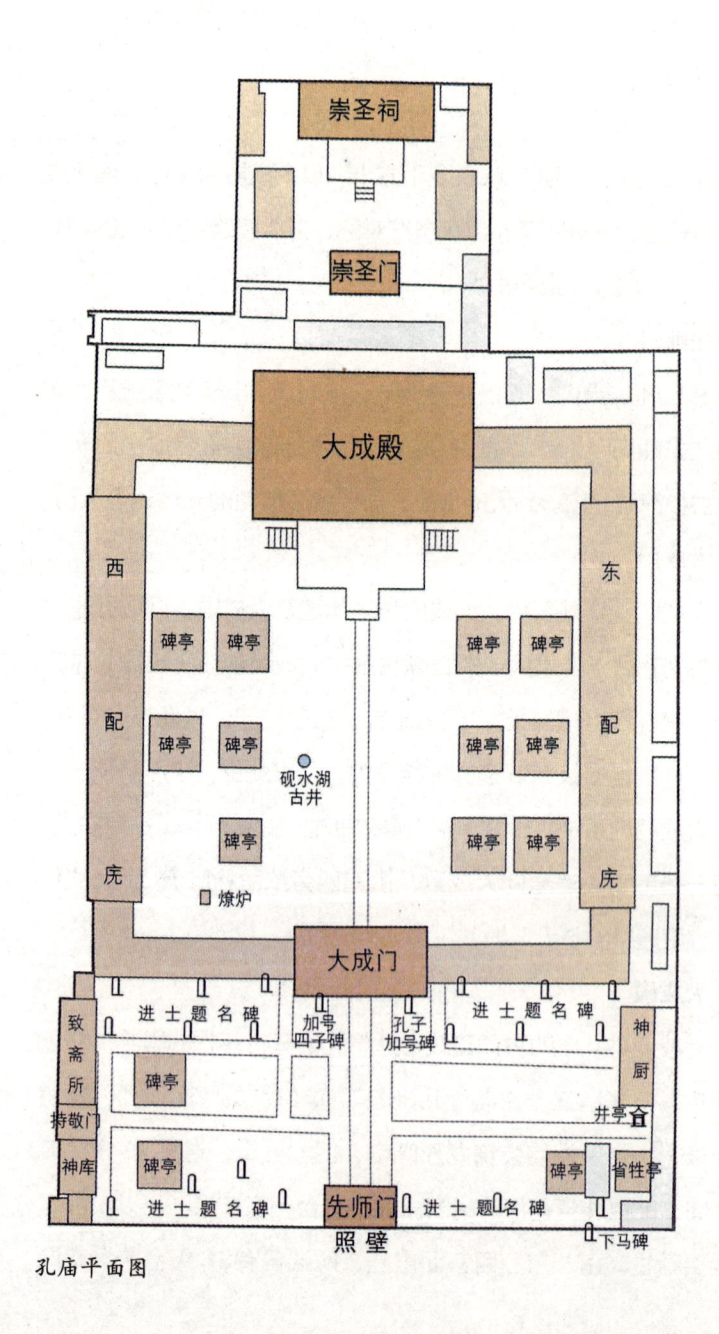

出陛中嵌7米长、2米宽的青石二龙戏珠浮雕御路，龙升龙降，吞云吐雾，宝珠火焰，海水江崖，蔚为壮观。

大成殿门楣悬康熙题"万世师表"匾。内供奉孔子、"四配"和"十二哲"神位。孔子神位罩以木龛，垂金色幔帐，两边有乾隆御笔名题联："齐家治国平天下，信斯言也，布在方策；率性修道致中和，得其门者，辟之宫墙。"正龛内为"至圣先师孔子神位"的木牌位。正位两旁，设有配享的牌位，复圣颜子（回）、述圣子思子（伋）、宗圣曾子（参）、亚圣孟子（轲），称为"四配"；东西两侧设有闵损、冉雍、端木赐、仲由、卜商、有若、冉耕、宰予、冉求、言偃、颛孙师、朱熹牌位，称"十二哲"。各神位前设供案，摆放尊、爵、卣以及笾、豆等祭器，殿中还摆设中和韶乐乐器编钟、编磬、柷、敔、篪等。

大成殿东西庑各19间，左右对称。东西庑北端有东西掖房各10间，南端有祭器库、乐器库各12间。东西掖房及两库均为L形平面附属建筑，覆灰筒瓦，檐柱油黑，有廊。

甬道西南有焚帛炉一座，为焚烧祭品之用，亦称燎炉。炉旁有古井，开凿于明代，井水浅而甘洌，清乾隆皇帝赐名"砚水湖"。

大成殿月台前右方，有一株苍劲古柏树，名曰"触奸柏"。相传明代奸相严嵩（1480—1567年，字惟中，号勉庵、介溪、分宜等，擅专国政达20年之久。《明史》将严嵩列为明代六大奸臣之一，称其"惟一意媚上，窃权罔利"）曾代嘉靖皇帝祭孔，他行经树下，骤起狂风，柏树枝触掉他的乌纱帽。后人认为此柏树有知，能辨忠奸，称此树为"触奸柏"或"辨奸柏"。据说这株古柏为元代国子监祭酒许衡所植，至今已700多年，仍枝繁叶茂，挺拔苍劲。

崇圣祠

崇圣祠坐落在孔庙第三进院，建于明嘉靖九年（1530年），是祭祀孔子五代先祖的家庙。殿顶采用绿色琉璃瓦，它与大成殿之间有崇圣门相隔，独成一体，绿瓦映古柏，更显幽深清宁。

孔庙除中轴线上的主体建筑外，三进院落中东西两侧均有辅助建筑多间。前院东侧有省牲亭、井亭、神厨，西侧有致斋所、神库，并有持敬门与国子监相通，后院有东西厢房各3间。

国子监始建于元代，是元、明、清三代国家管理教育的行政机关和最高学府，又称"太学"。主要景观有太学门、琉璃牌坊、辟雍、东西六堂、彝伦堂、敬一亭等。

碑　刻

北京孔庙有众多石碑，成为主要景观，有孔子加号诏书碑、进士题名碑、修缮碑、石鼓歌碑、十三经刻石、大学碑等。

孔子加号诏书碑

汉武帝"独尊儒术"以来，孔子被历代帝王尊为先师、先贤、先圣。大成门前东侧立加号碑一座，内容为元大德十一年（1307年）诏命孔子加谥为"大成至圣文宣王"，这是孔子在历代所获得的最高称誉。碑文中有"遣使阙里，祀以太牢"等句，是研究元代思想、政治、文化的实物，具有很高的史料价值。

进士题名碑

科举制度始于隋炀帝大业三年（607年），从此，科举一直成为中国历朝历代培养和选任官吏的正途。经唐、宋、辽、金、元诸朝，至明、清达到鼎盛。负有盛名的孔庙进士题名碑，就是元、明、清三代科举考试制度最真实的历史见证。

孔庙院内198座进士题名碑，记载了元、明、清三代51624名进士的姓名、籍贯、名次。进士题名始于唐代雁塔题名，据说韦肇及第，偶尔题名寺塔，于是后人相继仿效。孔庙院内题名碑是元代皇庆二年（1313年）开科取士后建立的。元代开科16次，明代又曾把元代的刻名磨去刻上本朝进士姓名，故元代题名碑已不多见，仅有的3座是康熙年间国子监祭酒吴苑掘地时发现的。现存明代碑77座，清代碑118座。

石鼓

大成门内两侧有石鼓10枚，为清乾隆年间仿照先秦石鼓刻制而成。原物在唐代陕西岐山出土，因其形状似鼓故称"石鼓"。乾隆皇帝因"惜其岁久漫漶，所存不及半……"，故而重新刻制。大成门东西两侧的石鼓旁各立有一石鼓歌碑，东侧碑文记载了乾隆五十五年（1790年）重刻石鼓之经过，西侧碑是清代大书法家张照草书唐代韩愈所作的《石鼓歌》。张照手书，苍劲有力，刚柔相济，属难得的书法珍品。

御碑

大成殿前及左右有御碑14座，为明清皇帝修葺国子监孔庙，或是皇帝"临雍"、祭孔的纪事碑。石碑高大、龟趺精美，碑体穷尽雕工，精制绝伦。14座御碑皆建有碑亭。

十三经刻石

"十三经刻石"亦称"乾隆石经"。十三经是儒家的13部经典著作。即《周易》《尚书》《诗经》《周礼》《仪礼》《礼记》《左传》《公羊传》《谷梁传》《论语》《尔雅》《孝经》《孟子》。

孔庙的"十三经刻石"共有189座，原存放于国子监东西六堂，1956年修缮国子监时移至孔庙与国子监之间的夹道内。

十三经是研究儒学的珍贵史料。清雍正年间，江苏金坛恩贡生蒋衡游历长安时，见"开成石经"众手杂书，紊乱不堪，深以为憾，遂潜心12年，自书一部63万字十三经，字体工整、一丝不苟。乾隆五年（1740年）江南河道总督高斌将其手稿转献朝廷，收藏于大成懋勤殿。乾隆五十六年（1791年）钦命和珅、王杰为总裁，彭元瑞、刘墉为副裁，负责考订蒋书经文，并动工刻石。彭、刘以宋、元善本十三经校订蒋衡手稿，并把俗题字改为古体字，同时考证经文异同。乾隆五十九年（1794年），碑刻成，立于太学，同时以墨拓本颁行各省。

大学碑

《大学》选自《礼记》，内容讲修身、齐家、治国平天下之道理。大学碑为清康熙帝御笔，书法功底深厚，气势磅礴。大学碑原陈设于国子监彝伦堂，1956年与"十三经刻石"一同移至现址。

北京孔庙还有清乾隆登基60年（1795年）时镌刻的《御制说经文》碑13座，《御制石刻蒋衡书十三经于辟雍序》满、汉文碑各一座。

显承无敦——寿皇殿

寿皇殿位于紫禁城神武门外景山之北,是北京城的皇家坛庙"九坛八庙"之一,也是北京城市中轴线的一组重要建筑物。寿皇殿是明清两朝为皇室停灵及供奉皇帝祖先影像之所,每年凡遇已故皇帝圣诞及忌辰、元旦、清明、霜降、中元、冬至等日期,皇帝都会率皇子、近支王公到寿皇殿祭祀祖先。

寿皇殿建筑规制参照于太庙,属中国古代最高等级的建筑规格。布局严谨,肃穆堂皇,体现了皇家庙宇的威严。

寿皇殿始建于明万历年间,《明宫史》曾记载:"北中门之南曰寿皇殿,右曰育秀亭,左曰毓秀馆,后曰万福阁,俱万历三十年春添盖,曰北果园。殿之西门内有树一株,挂一铁云板,年久树长,遂衔云板于树干之内,止露十之三,诚古迹也。殿之东曰永寿殿,观花殿植牡丹、芍药甚多。曰采芳亭、会景亭,曰玩春楼,其下曰寿安室,曰观德殿,亦射箭处也。与御马监西门相对者,寿皇殿之东门也。殿之南则万岁山,俗所谓煤山者此也。"

明代寿皇殿并没有建在北京中轴线上,而是在景山偏东北方向。明代寿皇殿建筑区域主要由寿皇殿和万福阁两大建筑组成。当时寿皇殿仅3室,万福阁分上下2层,上面中间为臻福堂,其下对应为臻禄堂,东上为永康阁,下为聚仙室,西上为延宁阁,下为集仙室。

　　清顺治十八年（1661年）正月初七，顺治帝去世。在乾清宫停灵27天后，梓宫移至寿皇殿停灵。停灵共计百日后，在寿皇殿前举行火化，此后顺治帝的骨灰继续停放在寿皇殿，康熙二年（1663年）四月二十二日，顺治帝的骨灰同孝献皇后董鄂氏及孝康皇后佟佳氏的骨灰移出寿皇殿，安葬于清东陵的孝陵。随后康熙皇帝将该殿作为检查射箭之所。康熙皇帝去世之后，继位的雍正皇帝将其"圣容"奉祀于该殿。

　　乾隆皇帝登基后又将其父雍正皇帝"圣容"供奉于寿皇殿。当时寿皇殿仅三楹，乾隆皇帝决定改建寿皇殿作为奉祀"神御"之殿。乾隆十四年（1749年）春开工，冬竣工。新建寿皇殿仿太庙规制，殿址也改在了北京城南北中轴线居中位置。建筑设内外两进院落，占地达21256平方米，总建筑面积3798平方米，其规模远超明寿皇殿。

　　寿皇殿设两重围墙，南向设宫门。内正殿九楹，左右山殿（衍庆殿，绵禧殿）各三楹，东西配殿各五楹。碑亭、井亭各两座，神厨、神库各五间。大殿正前方为戟门五楹。戟门前为宫门，形制为三座牌楼式拱券门，门前有石狮一对，另有三间四柱九楼雕兽夹杆石宝坊三座。传说改建寿皇殿所用大木为从昌平明陵拆挪之木料。

牌楼

　　寿皇殿宫门外东、西、南三面各立四柱九楼式牌坊一座（原为金丝楠木梁柱，现已改为混凝土柱，无戗柱），黄琉璃筒瓦庑殿顶。通面阔16.2米，带斗拱，绘以墨线大点金金龙枋心旋子彩画。建于清乾隆十四年（1749年），1947年曾大修，20世纪60年代又曾修葺，2007年再次重修。坊额均为乾隆皇帝所题，南牌坊北侧题额曰"昭格惟馨"，南侧额曰"显承无斁"。西牌坊东侧题额曰"旧典时式"，西侧额曰"世德作求"。东牌坊西侧题额曰"绍闻祗遹"，东侧额曰"继序其皇"。

"显承无斁"意为继承先祖的基业，无愧于子孙。寿皇殿牌坊的二十四字题额彰显了寿皇殿的文化内涵。

宫门

寿皇殿正门，牌楼式拱券三座门。黄琉璃瓦庑殿顶，琉璃重昂五踩斗拱。通面阔20米，通进深4.2米。门前有清石狮一对，为清乾隆年间雕制。

寿皇门

又称戟门，为寿皇殿仪门。黄琉璃筒瓦歇山顶。面阔5间，进深3间。重昂五踩斗拱，和玺彩画。四周有汉白玉石栏杆，8级踏步，中间为御路。该门两旁有侧门，黄琉璃筒瓦庑殿顶，单昂单翘五踩斗拱。1981年4月10日晚发生火灾，寿皇门全部烧毁。后重建。门外东侧原有娑罗树一株，现已无存。

寿皇门内东、西两侧有神厨、神库，建筑面积各137平方米，是寿皇殿祭祀时制作、存放供品的地方。东西夹道处还建有值房，东西值房建筑面积各为128平方米，是清朝时期的管理用房。

井亭

寿皇殿有井亭二，分坐于寿皇门外东西两侧。两亭制式相同，俱六角攒顶，绿琉璃筒瓦顶，每面宽6.1米，一斗二升交麻叶头斗拱，旋子彩画，崇基。

寿皇殿

寿皇门内正殿即寿皇殿，面阔9间，进深3间，前后带廊，建筑面积1294平方米。重檐庑殿顶，覆盖金色琉璃筒瓦，鸱吻南北挂镏金吻带，下层檐角脊兽为7个，上层檐角脊兽为9个，上檐重昂七踩斗拱，梁、枋、檩、桁等全部为金龙和玺彩画。殿前有月台，绕以护栏，南向三出陛，东、西向各一出陛，均12级踏步，南向出陛石阶正中枕以御路，浮雕二龙戏珠。檐下明间悬满汉文"寿皇殿"华带金匾。殿内正中龛匾曰"绍闻天下"，左龛匾曰"对越在天"，右龛匾曰"同天光被"，均为清嘉庆皇帝御书。

寿皇殿在清代时内部靠后分有隔间，常年悬挂、供奉着自康熙帝起始的历代皇帝肖像，以康熙帝的隔间居中，其余皇帝隔间依照昭穆在其左右，同堂异室：东起，第一间光绪帝、第二间咸丰帝、第三间嘉庆帝、第四间雍正帝、第五间康熙帝、第六间乾隆帝、第七间道光帝、第八间同治帝，隔间内除有肖像外，还陈列有神龛、牌位、皇帝生前的小部分服饰、珍宝器玩、玺印和佛塔等物。在寿皇殿内部原还安置有大龙柜，柜内收贮着大批清代帝后妃嫔的各类画像，这些画像在清代档案中，皇帝的被称为"圣容"，后妃的被称为"御容"。

清代逢每年除夕，在寿皇殿内部隔间的窗隔之外要放置7座大插屏，悬挂清代历代帝后朝服像，清太祖努尔哈赤像居正中，以下至嘉庆列帝后像分昭穆居左右，南向一字排开；道光帝起始的列帝后像悬挂于寿皇殿东西两面。隔间外这些临时悬挂的肖像至第二年正月初二即撤下收贮。

碑亭

碑亭在寿皇殿月台的东西两侧，各一座，为黄琉璃筒瓦重檐八角攒尖碑亭，每面宽6.1米，上檐重昂七踩一斗二升交麻叶头斗拱，下檐单昂五踩斗拱，下有石围栏。碑亭建筑面积122平方米，亭内是巨大的青石龟趺驮着7米多高的石碑，分别用满汉文阐述了乾隆皇帝重建寿皇殿的情况。《重建寿皇殿碑记》为乾隆皇帝御笔，曰：

清太祖神版

> 予小子敬循寿皇殿之例，建安佑宫于圆明园，以奉皇祖、皇考神御。重垣广墀、戟门九室，规模略备。而岁时朔望，来礼寿皇。聿瞻殿宇，岁久丹雘弗焕，且为室仅三，较安佑反逊钜丽，予心歉焉。盖寿皇在景山东北，本明季游幸之地，皇祖常视射较士于此。我皇考因以奉神御，初未择山向之正偏，合宫之法度也。乃命奉宸发帑，鸠工庀材。中峰正午，砖城戟门，明堂九室，一仿太庙而约之。盖安佑视寿皇之义，寿皇视安佑之制，于是宫

中苑中，皆有献新追永之地，可以抒忱，可以观德。传不云乎，歌于斯，哭于斯。则寿皇实近法官，律安佑为尤重。若夫敬奉神御之义，则见于安佑宫碑记，兹不复述。惟述重建本意，及兴工始末岁月。盖经营于己巳孟春，而落成于季冬上浣之吉日云。敬作颂曰：惟尧巍巍，惟舜重华，祖考则之。不竞不绨，仁渐义摩，祖考式之。弘仁皇仁，明宪帝宪，小子职之。是继是绳，曰明曰旦，小子恧之。天游云徂，春露秋霜，予心恻之。考奉祖御，于是寿皇，予仍即之。制广向正，爰经爰营，工勿亟之。陟降依凭，居歆攸宁，羹墙得之。佑我后嗣，绵祀于万，匪万亿之。观德于兹，无然畔援，永钦识之。

北面则是《乾隆十五年五月初十日内阁奉上谕》。

东、西山殿

寿皇殿东、西各建有山殿，东侧为衍庆殿，西侧为绵禧殿，两殿建筑面积各为206平方米。两殿均黄琉璃筒瓦歇山调大脊，面阔3间，进深1间，前后带廊。重昂五踩斗拱，旋子彩画，四周有石护栏。曾用于贮藏爱新觉罗族谱玉牒，清朝玉牒原存放在皇史宬，嘉庆年间，重修皇史宬时就将玉牒移到景山寿皇殿。

东、西配殿

寿皇殿东、西两侧建有配殿，各5间，进深1间，四周带廊，黄琉璃筒瓦悬山顶调大脊屋顶，一斗二升交麻叶头斗拱，旋子彩画。

寿皇殿东、西配殿建筑面积298平方米，主要用于存储寿皇殿正殿内陈设物品及祭祀礼仪时用的乐器，曾摆放紫檀大柜，用来储藏帝后的锦绣影像，在寿皇殿修缮时，配殿也曾临时供奉帝后的牌位和画像。

东、西配殿南面各有一座琉璃燎炉，均为黄琉璃砖瓦仿木结构，极精致华丽，是祭祀时用于焚烧祭品的构筑物。

1900年八国联军侵华时，寿皇殿为法军司令部占据，殿部分陈设及藏品遭到洗劫。1924年7月10日，清逊帝溥仪诣寿皇殿行礼，这是在寿皇殿举行的最后一次祭祀活动。1955年，寿皇殿改为北京市少年宫，1956年1月开放。2013年，少年宫迁至北京市东城区龙潭湖，寿皇殿移交给景山公园管理处管理。

慎终追远——奉先殿

奉先殿，位于北京紫禁城内廷景运门东，是明清皇室祭祀祖先的家庙，始建于明永乐十五年（1417年）。

明初，太祖朱元璋建都南京时以太庙"时享未足以展孝思于宫中"建奉先殿，"以太庙象外朝，奉先殿象内廷"。永乐皇帝朱棣迁都北京亦按南京旧制建奉先殿于大内，奉先殿前殿是举行祭祀的场所，后殿奉安列圣列后神主。《春明梦余录》载："奉先殿在神霄之东，殿九室，如庙寝制，国有太庙以象外朝，有奉先殿以象内朝，每室一帝一后，如太庙寝殿，其祔祧迭迁之礼亦如之。

凡祀方丘、朝日、夕月、册封、先祭及忌辰在焉，余皆于太庙行之。永乐十五年始作。"

明嘉靖五年（1526年）五月，在奉先殿东墙外辟院，增筑崇先殿。崇先殿坐东面西，面阔3间。崇先殿是嘉靖皇帝朱厚熜为奉祀其父兴献王朱祐杬而建。

嘉靖十五年（1536年）十二月，嘉靖皇帝谕辅臣李时、夏言："奉先殿不胜旧矣，朕意欲新之。"李时遂遵旨备料，嘉靖十六年（1537年）奉先殿新修工程兴工，嘉靖十八年（1539年）正月奉先殿新修竣成，修缮工程历时2年。

明崇祯十七年（1644年）5月末，李自成兵溃山海关，6月4日退出北京。李自成退出北京之前纵火焚烧宫室建筑，奉先殿遂毁于大火。清廷入主中原后于清顺治十四年（1657年）重建奉先殿，仍沿袭明代原制。清康熙十八年（1679年）改奉先殿7楹为9楹。后又多次修缮。

奉先殿

奉先殿为工字形建筑，分为前殿、后殿。建筑结构为黄色琉璃瓦重檐庑殿顶，檐下彩绘金线大点金旋子彩画。奉先殿前殿面阔9间，进深4间，建筑面积1225平方米。前檐中5间开门，为三交六椀菱花隔扇门，余皆为槛窗。前殿后檐中5间接穿堂通后殿。殿内设列圣列后龙凤神宝座、笾豆案、香帛案、祝案、尊案等。前为正殿，后为寝殿。前后殿之间以穿堂相连，形成内部通道。后殿面阔9间，进深2间，建筑面积755平方米。黄色琉璃瓦单檐庑殿顶，外檐彩画亦为金线大点金旋子彩画。室内皆以金砖铺地，浑金莲花水草纹天花。殿内每间依后檐分为九室，供列圣列后神主，为"同殿异室"规制，各设神龛、宝床、宝椅、楎椸，前设供案、灯檠。奉天殿座基为汉白玉色须弥座。殿前月台宽40米，深12米，总面积500平方米，陈设日晷、嘉量。须弥座及月台环设栏板、龙凤纹望柱，四周缭以高垣。奉先殿前殿主要供陈设宝座用，宝座均为木雕罩金漆，设有坐垫和靠背，按清制，凡遇朔望、万寿圣节、元旦及皇帝大婚、登基等国家大庆节日，都要到此祭拜，大祭于前殿。遇列圣列后圣诞、忌辰及元宵、清明、中元、霜降、岁除等日，于后殿上香行礼；凡上徽号、册立、册封、御经筵、耕耤、谒陵、巡狩、回銮及诸庆典，均祗告于后殿。此外，每逢皇帝生子、王子加冠、亲王之国、公主下嫁等也需至奉先殿行礼。

祭祀典礼举行时，须将供奉于后殿的已故帝后牌位移至前殿，安设于宝座，前殿宝座数目与后殿所供牌位数相一致。前殿内还有各类供桌、供器、祭器等物。

奉先殿后殿内原分有隔间，每间供奉一代帝后神龛，神龛内各有金漆宝座一个，帝后牌位安置其上，每个牌位均附有锦被一床、枕头一个，至清亡时，共有牌位33个。在隔间外亦设置有宝座，数目也与牌位数一致，至清亡时共有33把。此外后殿内同样尚有各类供桌与供器、祭器、灯具等物。

前殿是举行祭祀典礼的场所，一般的日常祭祀在后殿举行。凡是皇帝亲飨，前期3日要斋戒，执事各官也致斋，前期1日掌仪司官员进祝版，于神库割牲瘗毛血，洁治祭品，各如仪。在殿前月台上的司乐,陈中和韶乐,于殿阶上分东西悬。乐舞在其次。

奉先门

奉先殿前有院门,称奉先门,为3间7楼庑殿顶琉璃门,覆黄琉璃瓦,桩下是五踩斗拱,饰琉璃花饰。奉先门东西两侧大墙还各开一座便门。

奉先门外正南有裙房13间,为神库、神厨。东一小院,内有一座3间的小殿,为明嘉靖帝朱厚熜为奉其父兴献王朱祐杬而建。

按清代有关礼仪制规定,只有已故的皇帝和皇后,即所谓"列圣列后"的"神位"才可以经奉先门的中门,入奉先殿,而皇帝到奉先殿祭祀时也只能经奉先门左边的门洞进入奉先殿。皇子来时须经奉先门右边的门洞进入奉先殿。参加祭祀人员只能从奉先门两旁的随墙门出入。

现奉先殿已改为故宫钟表馆,展出18世纪中外制造的各式钟表123件。

修文修德——传心殿

传心殿为京师八庙之一,也是北京九坛八庙中占地最少、建筑规模最为简易的一处祭祀场所。

传心殿是皇帝御经筵前行"祭告礼"的建筑,《尚书·大禹谟》有"人心惟危,道心惟微;惟精惟一,允执厥中"16字。其源于尧舜禹禅让的故事：当尧把帝位传给舜、舜把帝位传给禹的时候，所托付的是治理天下与百姓的重任，而谆谆嘱咐代代相传的就是这 16 个字。后来禹又传给汤，汤传给文、武、周公，文、武、周公又传给孔子，孔子传给孟轲。这个传承过程是"以心印心，以心传心"，因此称为"十六字心传"。儒家学者把这 16 字看作尧、舜、禹心心相传的个人道德修养和治理国家的原则，主张根据这 16 个字去治理国家、教化人民。康熙皇帝取其意建传心殿，供奉中国古代最著名的 11 位圣贤：皇师伏羲、神农、轩辕，帝师尧、舜，王师禹、汤，周之文王、武王，先圣周公，先师孔子。

"经筵"是专为皇帝研读经史开设的讲席，一般于每年春季的二月至五月和秋季的八月至冬至间举行，逢单日设讲，酷暑、严寒时节辍免。开讲期间由学识广博的大臣轮流侍讲，精选名篇阐释其义，为治国理政提供借鉴。皇帝在文华殿读圣贤书，举行经筵前，或亲自或遣大学士祗告于传心殿。太子会讲亦先告祭于传心殿。每月朔望之日，太常寺卿也要至传心殿供奉果酒，上香行礼。清代嘉庆、道光、咸丰三朝皇帝均曾亲诣传心殿祗告。

传心殿始建于清康熙二十四年（1685 年），位于紫禁城东华门内稍北，西邻文华殿，是一座由 3 个长方形院落组成的祭祀建筑。整个院落南北长 100 米，东西宽 25 米，占地 2500 平方米。主体建筑为传心殿，院子前方无正门，而在东、西两墙的前半部各开一随墙式琉璃门，上覆黄色琉璃瓦。东墙较高，西墙与文华殿院墙相邻，墙体稍矮，故西门楼高于院墙，为琉璃门楼。

传心殿

　　传心殿坐北朝南，面宽5间，进深3间，黄琉璃瓦硬山式屋顶。殿正中为皇师伏羲、神农轩辕位，帝师陶唐、有虞位，王师禹、汤、文武位，皆南向。殿东周公位，殿西孔子位。祭礼所用祭器与阜成门内帝王庙制度相同。其中正位9案：爵各三，铏各一，均用铜；笾各二，用竹。豆各二，用铜。筐一，用竹；尊三，用铜。

　　传心殿楹联为清乾隆皇帝御笔，曰："帝典王谟昭万有；乾苞坤络奉三元"。

大庖井

　　传心殿院中"大庖井"极负盛名，因井水清甜甘洌，冠甲于大内各井，可与京西玉泉山之水相媲美，有"玉泉第一，大庖井第二"之说。井上覆方亭，顶为盝顶漏空，为宫中最大井亭，现保存完好。明代宫中孟夏祀灶，孟冬祀井。清代顺治八年（1651年）定制，每年十月于大庖井之前，南向祭司井之神。

治牲所

　　传心殿南为治牲所。治牲所坐南朝北，为倒座房，治牲所是传心殿祭祀时制作牺牲之地，夹东西墙而建，面宽5间，进深3间，屋面为两坡硬山式顶，黄琉璃瓦歇山顶，两山面饰琉璃博风，铃铛排山脊，脊首为仙人，依次排列龙、凤、狮子、天马、海马五种珍异，其后为脊兽。

景行门

　　景行门在传心殿前，面宽3间，于中部明间开门，黄瓦悬山式屋顶露明五花山面，饰旋子彩画，脊兽规制与治牲所相同。

传心殿后为祝版房、神厨，各 3 间，祝版房为贮放祝版之地，神厨为准备祭品之处。

传心殿现为故宫博物院古建部办公用房。

龙潜福地——雍和宫

雍和宫位于东城区安定门内雍和宫大街路东，是北京九坛八庙之一，也是其中唯一一座由府邸改造而成的皇家寺庙。

历史沿革

雍和宫原址为明代太监官房。清康熙三十三年（1694 年），康熙帝在此建造府邸，初为贝勒府，赐予康熙皇帝四子胤禛。康熙四十八年（1709 年），胤禛封雍亲王，遂改雍亲王府。康熙六十一年（1722 年）十一月，康熙帝崩于畅春园清溪书屋，雍亲王继承皇帝大位成为雍正皇帝，将雍亲王府的一半赐予喇嘛章嘉呼土克图，改为喇嘛修净灵场。雍正三年（1725 年），上院改为行宫，称"雍和宫"。

雍正十三年（1735 年），雍正皇帝驾崩，继位的乾隆皇帝诏于雍和宫停放雍正皇帝灵柩，为迎棺椁，迅即将雍和宫主要殿堂的绿琉璃筒瓦改换为黄琉璃筒瓦。又因乾隆皇帝诞生于此，雍和宫出了两位皇帝，成了"龙潜福地"，所以雍和宫各殿宇均与紫禁城皇宫一样规格改黄瓦红墙。乾隆九年（1744年），诏改雍和宫为喇嘛庙，特派总理事务王大臣管理此宫事务，无定员。以后，雍和宫成为清政府掌管全国藏传佛教事务的中心，成为清朝中后期全国规格最高的一座佛教寺院。

清代乾隆年始，皇帝祭地后要到雍和宫行荐新礼，即将新收的麦子供奉佛像前，尔后，到一墙之隔的东书院雍正帝影像前供上新麦后更衣用膳。"岁时方泽毕事，临此园少歇，进膳更衣。从臣亦去朝服，换常服，定制也。"而自嘉庆皇帝以降，清各朝皇帝每年均须到雍和宫礼佛，夏至祭祀地坛后，皇帝也须到雍和宫拈香拜佛，成为定制。

雍和宫鸟瞰

清代自乾隆年以后的每年正月末，雍和宫要举行"跳布扎"的宗教仪式，现在则在每年3月举行"大愿祈祷法会"。

中华人民共和国成立后，北京市政府于1950年、1952年、1979年三次对雍和宫进行全面修整。

雍和宫是北京最大、保存最完好的黄教寺院。1957年10月北京市人民委员会公布了雍和宫为北京市第一批文物保护单位。1961年国务院将雍和宫公布为全国第一批国家重点文物保护单位。1981年雍和宫对外开放。1983年，雍和宫被国务院确定为汉族地区佛教全国重点寺院。

建筑概况

雍和宫坐北朝南，全部占地面积为66400平方米，共有房屋661间，其中佛殿238间。天王殿、雍和宫大殿、永佑殿、法轮殿、万福阁等五进宏伟大殿组成整个寺院建筑的中轴线，另外还有东西配殿、讲经殿、密宗殿、数学殿、药师殿等殿宇。整个建筑布局院落从南向北渐次缩小，而殿宇则依次升高，形成正殿高大而重院深藏的格局。雍和宫的建筑风格融汉、满、蒙等各民族建筑艺术于一体，巍峨壮观，非常独特。整座寺庙的建筑分东、中、西三路，中路由七进院落和五层殿堂组成中轴线，左右还有多种配殿和配楼。

中路建筑主要包括牌楼院、昭泰门、天王殿、雍和宫殿、永佑殿、法轮殿、万福阁等。

宝坊院

雍和宫第一进院落为牌楼院，又称宝坊院，位于雍和宫最南部。院门坐东朝西，东、西、北各立一木牌坊，南侧有黄、绿琉璃砖瓦的影壁。

东侧牌楼，前额题为"慈隆宝叶"，意为教人向善与内容丰富的佛经；后额题为"四衢净辟"，意为寺院是洁净之地。

北侧牌楼，前额题为"寰海尊亲"，意为宇宙众生尊佛奉佛；后额题为"群生仁寿"，意为信佛者团结博爱，幸福长寿。

西侧牌楼，前额题为"福衍金沙"，意为幸福充满佛地；后额题为"十地圆通"，意为修菩萨行的十个阶段互相贯通，而达到理想的境界。

牌楼院内为辇道，又称御路。南起宝坊院，北至昭泰门，用方砖铺砌，全长约200米，专供清代皇帝到雍和宫礼佛与祭拜时乘辇、行走。

昭泰门

御路尽头为昭泰门，为雍和宫山门，红砖垛黄琉璃筒瓦歇山顶门，中为正门，左右两侧各一旁门。

昭泰门内有钟鼓楼，钟楼在东，鼓楼在西，俱二层楼，单檐歇山黄色琉璃顶。

铜锅位于鼓楼旁，重约八吨，由清宫造办处制造。这口大铜锅原放在东阿斯门外的铜锅院，是雍和宫喇嘛们平日做饭用的锅，每到腊八节就用它来熬腊八粥。据史料记载，熬腊八粥需用小米12石，杂粮、干果各100斤，干柴10000斤，共熬6锅：第1锅供佛，第2锅献给皇帝，第3锅分给王公大臣和大喇嘛，第4锅分给文武官员和外省的高官，第5锅分给雍和宫内众喇嘛，第6锅加上第5锅余下的作为施舍。

雍和门

昭泰门北为天王殿，又称雍和门。殿原为王府的宫门，后改建为天王殿。殿面阔5间，黄琉璃筒瓦歇山顶，重昂五踩斗拱，和玺彩画，前檐为障日板，明、次间为壸门，梢间为壸门式斜方格窗。后檐为五抹斜方格门窗，明、次间为门，梢间为窗。明间檐下悬乾隆皇帝手书"雍和门"大匾，殿内为井口天花，地铺方砖。殿内正中金漆雕龙宝座上，端坐着笑容可掬、袒胸露腹的弥勒菩萨塑像。大殿两侧东西相对而立的是泥金彩塑四大天王。弥勒菩萨塑像后面是脚踩浮云、戴盔披甲的护法神将韦驮。殿前有青铜狮子，造型生动。

雍和门内为雍和院，院中依次有铜鼎、御碑亭、铜须弥山、嘛呢杆和主殿雍和宫。

御碑亭

天王殿北有御碑亭，又名四体碑亭，黄琉璃筒瓦重檐四角攒尖顶，上檐为重昂五踩斗拱，下檐为单翘单昂五踩镏金斗拱，和玺彩画，亭内立有四方碑，名《喇嘛说》碑，上以满、汉、蒙、藏4种文字刻乾隆帝所撰《喇嘛说》。汉字碑文是乾隆御笔工整楷书，主文和夹注相间，文字苍劲古朴，生动流畅。《喇嘛说》碑立于乾隆五十七年（1792年），是具有重要历史价值的石刻珍品。

雍和宫

碑亭之北为正殿，即雍和宫。原为王府银安殿，原是雍亲王接见文武官员的场所。大殿为黄琉璃筒瓦歇山顶，面阔7间，单翘重昂斗拱，和玺彩画，前有月台，围以黄、绿、红琉璃砖花墙。

明间上悬雕龙华带匾，中刻满、汉、蒙、藏4种文字所题"雍和宫"。殿内正中供有3尊青铜质泥金佛像，这3尊铜佛都结跏趺坐。佛像背后是蛟龙背光，成叶形屏风状，上雕刻蛟龙。这3尊铜像的中间为释迦牟尼佛，结跏趺坐，右手放在右腿膝盖上，左手向上放在左腿上。东边上首是燃灯佛。燃灯佛结跏趺坐，右手的大拇指和食指扣在一起，合成一个圆圈。西边是同样结跏趺坐的弥勒佛。

在3尊青铜质泥金佛两侧的汉白玉石座上，排列着蒙麻披金的十八罗汉。

月台上设有须弥山。位于雍和宫大殿前，青铜铸造。原为明万历年间的司礼掌印太监冯保所供奉，后移至此处。这座青铜"须弥山"高达1.5米。须弥山的下部分7层，须弥山腰有"犍陀罗山"，山外有铁围山所围绕的咸海，山水交错；中部为平原和山峦；再上，东、南、西、北四方各有一座殿宇；须弥山顶部为坛城。不少寺院石窟佛都坐在叫作"须弥座"的座位上，成为一种象征。坛城下部为宇宙空间，有一圈星象图，是按古代天文观测的结果依次排列的，数百颗星有规则地排列其间。

这座青铜须弥山是雍和宫的瑰宝之一。

须弥山下有嘛呢杆。雍和宫大殿东西两侧各有一根，竖立在石雕卧狮上，杆顶悬挂着嘛呢幡。

大殿前院中两庑是"四学殿"。

大殿前有铜鼎，是乾隆十二年（1747年）由清宫养心殿造办处制造的，通高4.3米，下面衬以汉白玉石基座，上部有火焰门6个，门上铸有"二龙戏珠"，中部为圆形铜狮子座，座上铸有"三狮戏球"的图案。此古铜鼎与北海团城的玉瓮、故宫的九龙壁合称"北京三绝"。如此高大精美的鼎炉全北京只有2个，另一个存于故宫御花园内。

雍和宫大殿前东西有配楼，东为密宗殿，西为讲经殿，均为灰筒瓦重檐硬山顶，重楼，面阔7间，后厦3间，上下层均出廊。

永佑殿

雍和宫大殿北为永佑殿，也称后殿。永佑殿在王府时代，是雍亲王的书房和寝殿。后因供奉雍正帝影像而名为"神御殿"，成为清朝供先帝的影堂。乾隆九年（1744年）行宫改建寺庙后，改为永佑殿。永佑殿黄琉璃筒瓦单檐歇山顶，重昂五踩斗拱，面阔5间，为"明五暗十"构造，即两个5间合并而成的。前后均为三交六椀棱花门窗，下有龟背纹绿琉璃槛墙，前有三出陛台阶2层。殿内正中莲花宝座上供有3尊高2.35米的白檀木雕佛像，中为无量寿佛（即阿弥陀佛），左为药师佛，右为狮吼佛。殿前有东西配殿，分别为额椅殿（医学殿）和宁阿殿（数学殿）。

法轮殿

法轮殿在永佑殿北，左右两侧为班禅楼和戒台楼。法轮殿为举行法事活动诵经的场所。法轮殿建筑平面呈十字形，面阔7间，黄琉璃筒瓦歇山顶，殿顶四边各有一黄筒瓦悬山顶天窗，殿顶及天窗顶各建有一镏金宝塔，为藏族传统建筑形式。殿内正中供奉一尊高6.1米的黄教创始人宗喀巴大师的铜坐像，这尊铜像塑于1924年，耗资20万银圆，历时2年才完成。宗喀巴大师的铜坐像背后是誉为雍和宫木雕三绝之一的五百罗汉山，高近 5 米，长 3.5 米，厚 30 厘米，全部由紫檀木精细雕镂而成。五百罗汉山层峦叠嶂、阁塔错落，500 个用金、银、铜、铁、锡铸制的罗汉置身其间，讲演佛法的、降龙伏虎的、乘鹤飞升的，或坐或卧，或醉或思，或笑或痴，姿势生动，神态各异，造型逼真，雕技精湛。

五百罗汉山前有一金丝楠木雕成的木盆，据说弘历出生后第 3 天，曾用此盆洗澡，俗名"洗三盆"。东西壁还有以释迦牟尼为题材的壁画。

戒台楼　班禅楼

戒台楼位于法轮殿西侧，系乾隆四十五年（1780 年），乾隆帝为迎六世班禅进京为己祝寿、受戒而建。班禅楼位于法轮殿东侧，最初是供奉药师佛的法坛，称药师楼，六世班禅进京时以此处为住所，因之得名班禅楼。两楼皆为黄筒瓦重楼歇山顶，上层 9 间有廊，下层 25 间南面有三出陛台阶 4 层。

万福阁

法轮殿之北是万福阁，是雍和宫寺庙建筑群中北端最高的建筑。阁为黄琉璃筒瓦歇山顶，重檐重楼，高 25 米，上、中、下各层面阔、进深均为 5 间。上层为重昂五踩斗拱，和玺彩画，正中匾为"圆观并应"；中层为重昂五踩斗拱，和玺彩画，四周带廊及护栏板，正中匾为"净域慧因"；下层为单翘单昂斗拱，和玺彩画，前后三出陛，正中悬雕龙华带匾，上以满、汉、蒙、藏 4 种文字书"万福阁"。阁内供奉迈达拉佛（弥勒站像），这尊巨佛是用一棵白檀树的主干雕成的，高 26 米，地上 18 米（地下埋有8米），直径8米，全重约100吨，是中国最大的独木雕像，为雍和宫木雕三绝之一。

万福阁东西两侧分别为永康阁和延绥阁，中间以悬空阁道式飞廊相连通。绥成殿在万福阁北，是雍和宫中路最北端的建筑，黄琉璃筒瓦硬山顶，重檐重楼，上下均出廊，面阔7间，殿前有月台与万福阁相连。

照佛楼

万福阁东厢有照佛楼，灰筒瓦硬山顶，坐东向西，原是乾隆生母供佛之处。陈列有旃檀佛画像和《六道轮回图》。

清廷之殇——堂子

堂子是满族神庙，是清朝皇帝用以祭祀上天、神灵及先祖的地方。

堂子祭祀源于满族萨满教的宗教祭祀。萨满教是我国北方许多民族信仰的古老宗教，起源于原始渔猎时代，理论基础是万物有灵论。满族统治者把萨满教仪式与藏传佛教结合创建了祭堂子的宗教仪式。明末，辽东女真完成了从氏族部落到国家的转变，堂子祭祀也从氏族的阖族祭祀活动上升为国家祭礼，又从国家祭礼逐渐回归到爱新觉罗氏的族祭，最后演变为皇室专有的家祭，成为清代重要的宫廷祭祀活动。堂子祭祀的变化既见证了满族共同体的形成、发展、壮大以及与其他族群融合的历史过程，也见证了清王朝由崛起、衰落到灭亡的历史过程。

努尔哈赤初建国时就曾在都城赫图阿拉建堂子用以祭祀祖先。后随着清政权的强大，国都的迁移，曾先后在东京辽阳、盛京沈阳建堂子以祭神。

北京堂子始建于清顺治二年（1645年），原在长安左门外御河桥东，即台基厂大街北口路西一带。供奉清入关前战死的4位祖先的遗物，清廷主满洲时，凡有重大的政治、军事行动，就在堂子内举行祭拜、誓师，当时称"谒庙"。清廷入主中原后，于乾隆时期将"谒庙"改为"谒堂子"。《清史稿》卷八十二记载："堂子之祭，虽于古无征，然昭假天神，实近类祀。惟堂子元日谒拜，立杆致祭，与内廷诸祀，并内务府司之。"清魏源《圣武记》卷十二："皇帝拜天则于堂子，出征拜天亦如之……则堂子自是满洲旧俗，祭天、祭神、祭佛之公所。"清昭梿《啸亭杂录·堂子》："国家起自辽沈，有设杆祭天之礼。又总祀社稷诸神祇于静室，名曰堂子，实与古明堂会祀群神之制相符，犹沿古礼也。既定鼎中原，建堂子于长安左门外，建祭神殿于正中，即汇祀诸神祇者。"

堂子四周宫墙高大，内有三个院落：一是外院，有衙卫房，饽饽房等；二是内院，有祭神殿、拜天圜殿、尚神殿和戟门等数座重要建筑；三是仪树院，有秩序植柏73株。圜殿前有石座，中间石座供皇帝致祭时立杆之用。两翼石座各6行，每行各6座，为皇子、郡王致祭立杆之用。"堂子祭天"与太庙祭祀并重，被列为清王朝的吉礼之一。在堂子举行的祭祀分为两种情况：一是国家大事，诸如元旦拜天、出征、凯旋等；另一种是属于一般的祭祀如月祭、浴佛祭、马祭等。在元旦祭祀和出征祭祀时，一般都是皇帝亲自前往，但也有特殊情况派有关官吏代祭的。

堂子里的萨满祭祀相当繁杂，主要包括元旦拜天、堂子月祭、春秋立杆大祭、尚锡神亭月祭、堂子浴佛祭、为马祭神与凯旋出征祭旗等。其中元旦致祭和出征凯旋祭属于国家大典，一般由皇帝主祭，王公、满洲大臣等陪祭。春秋立杆祭是清代宫廷祭天大礼，礼仪隆重，场面浩大。其他祭祀则为皇室或皇帝个人的祭典，属于家祭，皇帝不必亲祭，也无须陪祀。

祭祀时萨满主持献香、献酒、擎神刀祷祝，诵神歌等，代表皇室向神灵祖先祈求福佑。因萨满信仰属多神信仰，堂子里举行的各种萨满祭祀所敬神祇亦有多种。主要包括天神、朝祭神（释迦牟尼、观世音菩萨、关圣帝君等）、夕祭神（穆哩罕神、画像神、蒙古神等）、纽欢台吉、武笃本贝子、祈福神、尚锡神、马神、蠹神等。

堂子内祭神殿供的是释迦牟尼、观音菩萨及关帝。圜殿为祭主神的地方，主神是纽欢台吉和武笃本贝子。每次祭祀行礼前，皇帝先朝东坐在享殿檐下的两间坐褥上，各王公贝勒按职位依次坐于丹陛上下。由内监弹奏三弦琵琶，满洲神巫"萨满"献酒，并擎神刀祷祝，赞礼者一边拍板，一边唱满洲神歌。皇帝和王公贝勒一起拍板抚掌唱。然后进享殿、圜殿分别行礼。礼毕，皇帝坐在西间正中，面朝南，王公等各就原处列坐，吃祭品炸糕，喝完茶后各散。

清朝皇室自清顺治元年（1644年）建成起始，即年年赴长安左门外堂子举行祭拜祀典。因为堂子是满族的传统宗教祭祀，康熙十二年（1673年）定制，祭祀堂子，不准汉官参与。

光绪二十七年（1901年）清廷被迫与八国列强签订丧权辱国的《辛丑条约》，规定东交民巷区域为使馆区，由于堂子被划在使馆区范围内，清廷被迫将堂子拆除迁移，原址被帝国主义侵略军圈为兵营。

光绪二十八年（1902年），清廷再建堂子于皇城东南隅，今南河沿南口路东，称为北堂子。

祭堂子的习俗一直延续到清朝灭亡。1912年2月，清末代皇帝溥仪宣告逊位，祭堂子典礼才告停办。20世纪50年代，南河沿处的北堂子被彻底拆除，今其原址为北京饭店贵宾楼。

天　坛

天坛位于东城区永定门内大街路东。天坛没有列入北京九坛八庙之内，究其原因，天坛不是专指一个坛，而是指包括圜丘坛、祈谷坛两坛在内的建筑群。说坛庙则不可不提天坛，故单设一章。

"天"是中国传统文化信仰的核心。中国古人认为天是至高无上的，是世间万物的主宰。中国历史上曾经出现过许多王朝，每个王朝均建有祭天神坛，虽然称谓不一，但其用途都是用来对天膜拜，举行祭天大典。西周将祭天神坛称为"圜丘"，秦朝称为"畤"，汉代称"郊坛"，以后朝代有沿用圜丘之说的，也有用郊坛名义的。北京天坛始建于明永乐十八年（1420年），初称"天地坛"，明嘉靖十三年（1534年）后改称"天坛"。

天坛原有面积为273公顷，平面布局呈"回"字形，北圆南方。寓意天圆地方。内外两道坛墙将天坛坛域分为内、外两坛。内坛由圜丘、祈谷坛两部分组成，北部是祈谷坛，南部是圜丘坛。两坛的主要建筑集中在丹陛桥两端，丹陛桥也称海墁大道，是一座巨大的砖砌高台，也是天坛建筑的轴线。

现天坛保存明清古建筑共计600余间，主要为圜丘坛、祈谷坛两坛。天坛绿地面积达180万平方米，树木6万多株，环境静谧，气氛庄严，景色宜人。祈年殿、圜丘等古建筑俱在万千树木掩映中，巍峨壮美，圣洁崇高。

明清时期天坛归属太常寺，太常寺设天坛尉实施日常管理，礼部、光禄寺、乐部、奉宸苑等部门共同参与管理。天坛作为皇家祭坛的历史延续了480余年，1911年辛亥革命爆发，1912年2月，清朝末代皇帝溥仪被迫退位，宣告了中国封建社会的瓦解，在中国历史上延续了几千年的祭天制度也随之结束。此后，天坛一度闲置，中华民国政府诸多部门纷纷占用天坛坛域进行开发，农商部建天坛林业试验场，中央防疫处开设传染病医院，市政公所欲建体育场，教育部也提出在天坛开办大学。1913年时任内务部总长的朱启钤呈文建议开放天坛，1917年中华民国政府同意辟天坛为公园，1918年元旦天坛正式开放，从此"任人游览"。

中华民国初期，民国政府内务部设坛庙管理处管理天坛事宜；1928年，中华民国政府迁都南京，北平市政府成立坛庙事务管理所，天坛遂移交坛庙事务管理所。中华人民共和国成立后于1951年组建成立天坛管理处，1955年后改为天坛公园管理处。1957年天坛列入北京市第一批古建文物保护单位，1961年列为第一批全国重点文物保护单位，1998年12月，联合国教科文组织世界遗产中心将天坛列入《世界遗产名录》。

世界遗产——天坛

1911年爆发的辛亥革命推翻了清王朝的统治，中国的封建社会制度宣告瓦解，从明永乐年间开始持续举行了几百年的天坛祭天活动也随着封建制度的终结而取消。但作为中国古代祭天文化载体的皇家祭坛——天坛的文化价值并没有因其历史地位的改变而消失。

20世纪初叶，中国国内战乱和动荡频发，天坛也无数次受到波及，不断遭受各种破坏，几度处于风雨飘摇的危险之中。但从天坛褪去神圣光环的那一天起，就有众多的有识之士呼吁对天坛加以保护。1912年3月,清廷典礼院将天坛移交中华民国政府内务部,移交初期仍由清廷所派奉祀管理,但军队还是进入天坛驻扎,平民也时有出入者,由于管理混乱,天坛祭坛石受到破坏,破坏发生后即受到社会关注,当时的京师警察厅遂派警察进驻实施保护。1913年,中华民国政府内务部礼俗司建立古物保存所,对包括天坛在内的北京坛庙实施管理。虽然力有不逮,但管理部门还是尽力加以维护,将天坛辟为公园实行开放,也曾几度进行修缮。1949年,北京市政府即将天坛列为文物建筑,1950年12月,组建成立了天坛公园管理处,专司天坛的管理保护工作。1956年北京市政府将天坛列为文物保护单位,1961年3月,国务院将天坛列为第一批国家重点文物保护单位。

1996年,北京市政府及天坛管理部门认为天坛作为珍贵的人类文化遗产有必要列入《世界遗产名录》,于是开始酝酿申报将天坛列入《世界遗产名录》事宜,并与建设部、北京市文物局、北京市园林局的专家共同进行了申报报告的起草工作。1997年完成了申报报告,申报报告提出了将天坛列入世界文化遗产的三条重要理由:

A 天坛是华夏文明的积淀之一。

天坛从选址、规划、建筑的设计以及祭祀礼仪和祭祀乐舞,无不依据中国古代《周易》阴阳、五行等学说,成功地把古人对"天"的认识、"天人关系"以及对上苍的愿望表现得淋漓尽致。各朝各代均建坛祭天,而北京天坛是完整保存下来的仅有一例,是古人的杰作。

B天坛建筑处处展示中国古代特有的寓意、象征的艺术表现手法。

圜丘的尺度和构件的数量集中并反复使用"九"这个数字,以象征"天"和强调与"天"的联系。天坛祈年殿以圆形、以蓝色象征天、殿内大柱及开间又分别寓意一年的四季、二十四节气、十二个月和一天的十二个时辰(古代一天分十二时辰,每时辰合两小时)以及象征天上的星座——恒星等。处处"象天法地"是古代"明堂"(中国古代帝王专用的一种礼制建筑,处处象天法地)式建筑仅存的一例,是中国古文化的载体。

C天坛集古代哲学、历史、数学、力学、美学、生态学于一炉,是古代建筑精品代表作。

天坛在建筑设计和营造上集明、清建筑技术、艺术之大成。祈年殿、皇穹宇是木制构件、圆形平面、形体巨大、工艺精致、构思巧妙的殿宇,是中国古建中罕见的实例。而大面积树林和丰富的植被营造了"天人协和"的生态环境,故天坛是研究古代建筑艺术和生态环境的实物,是中国祭祀建筑杰出的范例,极具科学价值。

天坛建筑轴线北部的构图中心祈年殿,体态雄伟,构架精巧,内部空间层层升高向中心聚拢,外部台基屋檐圆形层层收缩上举,即造成强烈的向上动感,又使人感到端庄、稳重。色彩对比强烈而又不失协调得体。天坛从总体到局部,均是古建佳作,是工艺精品,极具艺术价值，是华夏民族一个漫长的历史时期思想文化的遗迹和载体。天坛是物化了的古代哲学思想，有着较高的历史价值、科学价值和独特的艺术价值，更有着深刻的文化内涵。

综上所述，天坛这个古代祭坛建筑组群，有着较高的历史价值、科学价值和独特的艺术价值，更有着深刻的文化内涵，具备了列入《世界遗产名录》标准之一、之二、之三、之四：把天坛这一具有世界性突出价值的艺术杰作列入世界文化遗产将更有利于对它的保护，使其永久传世。

1997年6月，中国建设部及北京市组成申报代表团前往巴黎，向世界遗产委员会递交了将北京天坛列入《世界遗产名录》的申报报告。

1998年2月，联合国教科文组织世界遗产委员会代表、国际古迹遗址理事会（ICOMOS）主席席尔瓦先生一行对天坛进行了访问考察，考察了天坛的建筑、文物、展览研究及保护范围等多方面内容，席尔瓦先生对天坛的宏伟壮丽极为叹服。

1998年6月，世界遗产委员会主席团第22届会议在巴黎举行，会议对天坛的申报项目进行审议，天坛的代表向会议递交了天坛的有关文件并进行了说明。世界遗产委员会主席团第22届会议审议了天坛的申报报告及相关文件，并根据天坛的申报报告及相关文件提出建议：

天坛——北京的皇家祭坛　　881　　中国

C（Ⅰ）、（Ⅱ）、（Ⅲ）

主席团建议将此项提名递交有关缔约国，请其按照国际古迹遗址理事会（ICOMOS）的建议，于1998年10月1日前提供有关缓冲区的扩展范围。如提供的材料符合要求，主席团建议根据文化遗产标准（Ⅰ）、（Ⅱ）、（Ⅲ），将此提名列入《世界遗产名录》。

标准（Ⅰ）：天坛是建筑和景观设计之杰作，朴素而鲜明地体现出对世界伟大文明之一的发展产生过影响的一种极其重要的宇宙观。

标准（Ⅱ）：许多世纪以来，天坛所独具的象征性布局和设计，对远东地区的建筑和规划产生了深刻影响。

标准（Ⅲ）：两千多年来，中国一直处于封建王朝统治之下，而天坛的设计和布局正是这些封建王朝合法性之象征。

1998年9月，天坛按照世界遗产委员会主席团第22届会议的要求向世界遗产中心递交了有关材料。

世界遗产中心确认：天坛建于公元15世纪上半叶，坐落在皇家园林当中，四周古松环抱，是保存完好的坛庙建筑群，无论在整体布局还是单一建筑上，都反映出天地之间的关系，而这一关系在中国古代宇宙观中占据着核心位置。同时，这些建筑还体现出帝王将相在这一关系中所起的独特作用。

1998年12月1日，世界遗产委员会第22届会议在日本东

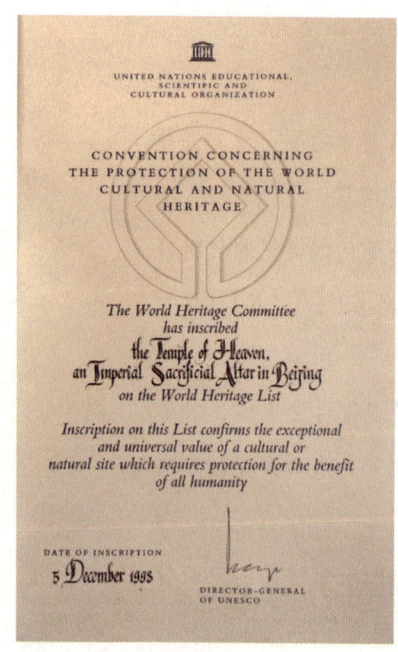

天坛入选《世界遗产名录》证书

京开幕，天坛代表随同中国代表团出席。世界遗产委员会主席团向大会建议：根据文化遗产标准（Ⅰ）、（Ⅱ）、（Ⅲ），将天坛列入《世界遗产名录》。1998年12月2日是天坛历史上一个值得永远铭记的日子，这一天，出席第22届世界遗产大会的代表对主席团的建议进行了投票表决，所有与会代表均对天坛列入《世界遗产名录》表示赞同，一致通过了主席团的建议。世界遗产委员会遂宣布天坛列入《世界遗产名录》。

天坛古建筑共计有百余座600余间，建筑面积达2万多平方米，全部为明清建筑遗存，建筑形式、结构、彩画都保留着明清时期的历史痕迹，是中国古代祭天文化的产物，也是中国古代祭天文化的载体，蕴含着浓烈的祭祀文化氛围，有很高的文物价值及观赏价值。

天坛建筑雄姿卓立，气象庄严，其广阔恢宏的气势、严谨有序的布局、造型独特的建筑形制、华美瑰丽的装饰、深刻精邃的内涵，反映了中国古代各相关学科的历史成就，显示出中国古代高超的建筑艺术和技术水平，表达了中国古代先贤伟大的创造力和哲学智慧。天坛建筑是中国古代建筑史上极为辉煌的伟大篇章，是无与伦比的东方文明之瑰宝。

天子乃斋——斋宫

斋宫初建成于明永乐十八年（1420年），是明清两朝皇帝祭祀前斋戒的宫殿，位于祈年殿西南，天坛西二道坛门内南侧。斋宫坐西向东，面向祭坛，总面积4万平方米，有皇帝居住的寝宫、举行斋戒活动的无梁殿及钟楼、值房、膳房、河廊等建筑。

中国古代的典章制度早就有"斋戒以告鬼神""天子乃斋"一类的记载，东汉韩伯休曰"洗心曰斋，防患曰戒"，是说斋戒就是静心反省，就是清除杂念，抑制不良欲望。正是因为斋戒有这样的作用，所以中国古代礼法制度才规定皇帝在祭天前要进行斋戒，用以表示对皇天上帝的尊重。皇帝进行斋戒的专用建筑称为斋宫。明洪武二年（1369年），太祖朱元璋下诏建斋宫于圜丘

斋宫鸟瞰图

斋宫内御河、宫墙

之侧。是年五月，斋宫建成，"前后皆为殿，左右小殿为庖厨之所，缭以都垣"。明永乐十八年（1420年）明成祖朱棣迁都北京，因袭洪武南京旧制，在大祀殿的西南营建斋宫。

斋宫有内外两道御河、宫墙，是一座回字形宫城式建筑。外城御河宽11.9米，深约6.5米；内城御河宽8.5米，深同外河。内外御河上均架汉白玉石拱桥，各3座。外河内沿河有廊，顺宫墙为一面坡顶，覆以筒瓦，河廊四围，共计163间。斋宫内外两道御河俱明代天地坛初建时经营，其时天坛垣墙不备，且孤悬郊野，故掘深河以备不虞。至清代，天坛已圈入北京外城，斋宫御河的防护作用尽失，于是只能填河建成宫室。清朝乾隆皇帝对明代掘河以御不虞之举不以为然，曾作诗讥讽其事："守德由来胜守险，当年何事堑防门。"而实际上，清代皇帝斋宿斋宫，也是护卫众多，以防不测。斋宫沿河的163间河廊，就是八旗兵丁侍卫之所。清代，每届皇帝斋戒期间，斋宫四围也都戒备森严。斋宫左门设护军统领1人，上三旗司轮长1人，护军参领1人，护军校、护军20人宿卫。斋宫右门，设上三旗协理事务参领1人，护军校、护军20人宿卫。另有两翼前锋营、八旗护军营宿卫官兵，总计有2003名，由管营大臣1人带领值宿。八旗兵丁即沿河侍卫。清初，除圜丘、祈谷及天坛各门以及自紫禁城至斋宫设祭祀扈从外，还派有官兵540名，由管员大臣1人带领，在坛外值宿。

斋宫内外皆设3座宫门，为砖作垂脊拱券式，歇山顶绿瓦，宫门下俱承以汉白玉石座，东向宫门与内宫门相对，为三孔宫门，阔四丈八尺，进深二丈一尺，宫门前有汉白玉石桥3座。斋宫南、北面另各有1座宫门，俱为单孔拱券式宫门，斋宫南北宫门不与内城宫门相对，门前也各有汉白玉石桥1座。斋宫外城四隅各有5间平地角房，为侍卫休息之所。

斋宫外城东北角有钟楼，坐北朝南，上覆绿色琉璃瓦，七檩，重檐歇山成造。下檐台基四丈五尺见方；台明高二尺三寸，台墙三丈九尺四寸见方，至冰盘檐下皮高一丈二尺五寸。四面各设拱券门，各里口阔一丈八寸，进深一丈四尺三寸，中高一丈四寸，上檐见方一丈七尺，外周围廊各深五尺五寸，通见方二丈八尺，柱高一丈五寸，径一尺四寸。钟楼上悬明永乐年制太和钟，后世也称为"永乐大钟"。

太和钟为祭祀郊庙礼器之一，铸于明洪武六年（1373年），仿宋代景阳钟铸造，其制以九九为数，高八尺一寸，拱以九龙柱，以龙簴建楼于圜丘斋宫之东北。洪武十七年（1384年）曾将钟改铸，减其尺寸十之四。永乐十八年（1420年）迁都北京后，一切沿用洪武之制，建天地坛的同时，也在斋宫建钟楼，铸太和钟，钟上镌"大明永乐年　月　吉日制"字样。钟通高2.8米，厚10厘米，直径为1.55米。钟青铜成造，扣钟形，钟钮刻海水流云纹。钟体致密坚固，钟音洪亮，绵延不绝。《天府广记》卷三六记载："斋宫东北悬太和钟。每郊祀，候驾起，则钟声作，登坛则止，礼毕升驾又声之。"

无梁殿

无梁殿是斋宫的主体建筑，也是斋宫的正殿，位于斋宫内宫城正中位置。采用砖拱券结构，无梁无柱，不施一木，故称无梁殿，也叫无量殿。其结构虽不用木材，但建筑外观却与木结构建筑别无二致，极宏敞高大，壮丽非常，清乾隆皇帝称之为"翠殿崔巍"。无梁殿坐西向东，庑殿顶，红墙绿瓦，青砖下碱，白石须弥座殿基，五踩斗拱，整座大殿饰旋子彩画。殿前月台面阔四丈八尺，进深二丈三尺，护以汉白玉围栏，有出水螭首。台上有铜人亭、时辰亭，东、南、北向各一出陛，东向出陛13级台阶，阶中御路浮雕海水云气。南北出陛各15级台阶。

铜人亭、时辰亭俱为石作。铜人亭方广不足八尺，高逾丈，宝顶四合脊，亭内有石座，昔时祭祀前设铜人于其处，铜人手持斋戒牌以警示皇帝诚心斋戒，其亭因而也称为斋戒铜人亭。铜人之制源于明洪武三年（1370年）甲申祭享太庙时，当时朱元璋为警诫自身疏忽，命制铜人以示警。清沿明制，进铜人礼愈加繁复冗长。皇帝起驾御斋宫后,太常寺官员到紫禁城乾清门于黄案前行一跪三叩礼毕,恭奉斋戒牌、铜人于斋宫前亭内正中,铜人南向。祀日礼成后,太常寺官员赴斋宫,恭撤斋戒铜人敬贮匣内,送缴寺库,明时铜人高一尺五寸,手执简书曰"斋戒三日"。

时辰亭在铜人亭之右(南),形式如宫室,高逾2米,面阔0.6米,进深0.6米。

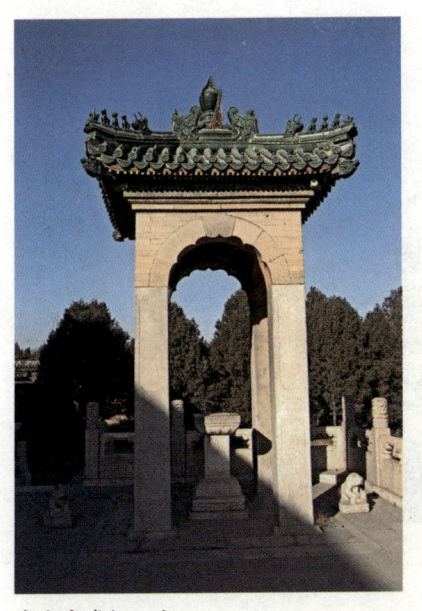

斋宫斋戒铜人亭

为存放时辰牌之用。时辰亭又称奏事亭,为大典前由太常寺及钦天监官员奏报时辰、请驾诣坛所用,届时由上述官员将祀日时辰奏折呈送亭内,再由执事人员转呈皇帝。

无梁殿5间,面宽46.8米,进深17.6米,东向设隔扇门,明间穹顶高8米,地墁金砖,墙涂粉壁,正中陈皇帝宝座,其后有7扇紫檀瘿木屏风,浮雕山、水、人物。屏风上高悬巨匾,榜书"钦若昊天",语出《尚书·尧典》:"乃命羲和,钦若昊天,历象日月星辰,敬授农时。"无梁殿次间、梢间规制与明间同,只是稍狭,穹顶高7米,无梁殿五间大殿之间隔墙厚1米余,各间后部有通道相连,次间、梢间是皇帝斋戒期间扈从御前大臣的侍候之所。大臣分两班轮值,一班在无梁殿值守,一班去西天门

斋宫无梁殿

外值房休息。

  无梁殿在明代及清前期一直是皇帝斋戒时居住之所。雍正九年（1731年），雍正皇帝在紫禁城中另建了一座斋宫，每临祭期，皇帝即在紫禁城斋宫斋宿。雍正皇帝之后继位的乾隆皇帝认为祭天还是应于天坛内斋戒，在天坛斋戒更能表达对上天的崇敬。乾隆七年（1742年），乾隆皇帝颁诏命改建天坛斋宫。乾隆八年（1743年）兴工，工程填斋宫内御河一段并拓地建寝宫，设寝殿、配殿、回廊及阿哥房。从此，皇帝大祀斋戒再次移至天坛斋宫，每到斋期，皇帝至天坛斋宫斋宿，斋宫改为寝宫，无梁殿遂成皇帝会见阁僚及百官候驾之所了。

  无梁殿后左右有随事房、首领太监值守房，拾级可达，两房各5间，皆硬山卷棚，灰筒瓦。随事房前有古井，白石井口，深及数丈，今水已枯。无梁殿后有垂花门，穿垂花门即入寝宫。

寝宫

寝宫位于无梁殿后，前有垂花门。垂花门高2.36米，面阔4.8米，进深5.25米，台基长5.25米，宽4.8米，高0.3米，方砖墁地，台基为阶条石。前殿后卷勾连搭，覆绿琉璃筒瓦，左右垂花头，双扇平面门，门簪无字，下坎石窝万字纹门鼓。门饰朱红，檩架全饰旋子彩画，后部檐柱金柱均为方形绿色，柱间有坐凳栏杆，后檐4扇屏风门，门扇绿色点金无斗方，前后垂带踏跺各3级，左右如意台阶亦各3级。

寝殿居寝宫正中，迎垂花门而设，为硬山调大脊建筑。5间崇基，殿前有廊，槛墙明窗，阳光可直贯室内。乾隆皇帝《寓斋宫》诗即有"斋殿南厢十笏居，明窗坐觉体安舒"。清仁宗嘉庆皇帝

斋宫寝宫

诗中也有"窗绚春晖暖气盈"之句。

寝殿前左右原有配殿,有廊庑相通,清嘉庆十二年(1807年),祀典前夕,寝宫不慎失火,寝殿及配殿俱为火毁。事后查勘,火灾系由熏炕所致。此后皇帝下旨,所有坛庙熏炕,永远停止。次年重建寝宫,不再设廊庑,左右配殿也一并停建,只寝殿仍从旧制。又在斋宫内围墙外西北、西南两角各建值房2间,由苑丞、苑副率园户20人,分为2班,轮流值宿。嘉庆皇帝还特地作诗记其事,诗曰:"郁攸偶不戒,寝室五楹延,营建心弥凛,轩墀制溯前。"

寝殿5开间,明间设宝座,即皇帝坐榻,上悬联:"克践厥猷聪听祖考之彝训,无斁康事先知稼穑之艰难",横批"庄敬日强",将我国古代祭天重农尊祖的两大特点包容其间。次间是皇帝读书之所,书案上陈文房四宝、线装书籍。嘉庆皇帝诗有"瓣香斋室诵诗册"及"斋宫退思万几简,敬诵天章警寸心"诸句。北梢间有碧纱橱,皇帝卧榻即于其内,为祭祀前皇帝就寝之处。今北梢

寝殿明间内景

间前檐尚有灶孔，即昔年熏炕烧火遗迹。南梢间为净室，是皇帝沐浴之所。

寝殿左右降阶可至点心房、茶果局，各5间，俱硬山卷棚顶，寝殿之后则为阿哥房，是皇子祭祀时的居所。今茶果局、点心房皆倾圮，迹近杳然，原址竹木青翠，满庭荫凉。

斋宫庭院颇广，昔年院内外极少树木之植，地甚空旷，唯寝宫院内有松柏数株，立于绿瓦红墙间。1917年清明，值中华民国第一个植树节，总统黎元洪率阁僚在斋宫东门外植树。国会两院议员群起响应，亦于斋宫之东、之北大量植树，密密匝匝，遂成柏林。中华人民共和国成立之初，北京建工局绿化工程处辟斋宫为办公所，

黎元洪所植桧柏

又于斋宫内遍植林木，有松有柏，又有杨树、海棠、丁香、腊梅诸树种。以后又添植了翠竹、玉兰、雪松、核桃等树木。1981年，全国人大、全国政协诸多人士又在斋宫院内种植了40余株白皮松，现在的斋宫院内外满目青翠，有别样风景。

华夏正声——神乐署

神乐署坐落于天坛西二道坛门外,与祈谷坛、圜丘坛、斋宫、牺牲所并称为天坛五大建筑群。始建于明朝永乐年间,是明清时期演习祭祀礼乐的场所。

神乐署初为神乐观,后一度改称神乐所,清乾隆年间钦定为神乐署。由于署中的乐舞生多由道士充任,所以又称天坛道院。主要建筑有凝禧殿、显佑殿、署门及廊房等。

凝禧殿是神乐署正殿,殿高5.57米,面阔36.94米,进深18.92米,总面积698.9平方米,为演习礼乐之处。明时称"太和殿",

神乐署凝禧殿

清康熙皇帝易为凝禧
殿。歇山顶，削割瓦，
三踩斗拱，5开间，
殿内两山墙上绘有古
代礼仪图，明间悬巨
匾，蓝地金书，书"玉
振金声"，为乾隆皇
帝御笔。殿前有月台，

凝禧殿内乾隆皇帝御笔题匾

台前原有明弘治年、清康熙年、清雍正年的神乐观、神乐署修缮碑。

显佑殿在凝禧殿后，殿高5米，面宽39.8米，进深14.7米，面积585平方米，原是乐舞生祭祀北方玄武大帝之所。初称"玄武殿"，明末改为"显佑殿"。悬山顶，削割瓦调大脊，面阔7间，进深3间，外檐旋子彩画，内檐彩画属清早期作品，色彩斑驳俏丽，弥足珍贵。殿前左右建有砖砌燎炉，20世纪80年代尚存遗迹，后遭夷平，2003年重修神乐署时修复，其制为殿阁式，青砖素面，颇为古朴。

神乐署裙房是凝禧殿及显佑殿的配房。真官殿为乐舞生奉祀其祖师爷之地，袍服库存放典礼中的

神乐署显佑殿

神乐署显佑殿古代音乐名人铜像

袍服，显佑殿前后两廊存放一部分乐器。典礼署、奉祀堂为典礼、奉祀办公之处，通赞房、恪恭堂、正伦堂、侯公堂，都是神乐署乐师教习乐舞生的地方，今辟为展室，为中国古代皇家音乐展，展出各种古代乐器及中和韶乐知识。

神乐署署门气势颇大，门前有巨大影壁，传说端午节摸此壁可以驱五毒，中华民国时期，信其有神效者众多，每届端午游人纷至沓来，争相摸壁，盛极一时。

神乐署作为明清时期的礼乐学府，朝廷设立专门机构和专职人员对祭天乐舞生随时进行培养和训练，明嘉靖时有乐舞生3000多人。北京各坛庙祭祀的乐舞生，俱由神乐署生员选拔充任。国家举行大典时，所有参加典礼人员均要在事前至神乐署接受培训演练。

中和韶乐

中和韶乐是明清两朝大乐,是古代帝王祭祀天地、祖先及朝贺宴享等大典所用的乐舞,也称雅乐。据传周朝就有用于祭祀的6部乐舞,称为"六代大乐",用以祭祀天神。乐舞体制完整,规模庞大,内容丰富,风格典雅,充分体现出华夏民族独有的文治武备、温柔敦厚的礼乐精神。

雅乐起源于我国原始时代自然崇拜的祭祀活动,先民在祭祀时献歌献舞,逐渐形成了祭祀乐舞。周武王灭商建立了西周政权,主政的周公旦制定了作为国家制度的典章《周礼》,规定将雅乐用于祭祀大典,以后历代儒家均奉周代雅乐为祭祀乐,历代传承。明朝洪武年间朱元璋命雅乐改称为中和韶乐,一直

凝禧殿中和韶乐舞台

保持到清朝灭亡。

雅乐也称八音乐，这是因为在古乐中使用了金、石、丝、竹、土、木、匏、革8种材料制成的乐器。琴，传说为伏羲所造，至迟在商周时期即已出现，属于丝弦发声的乐器。瑟，与琴一样，同属丝弦发声的乐器，形状与琴相似，但无徽位，传说原有50根弦。笛，在八音中属竹类，周代已有一种竹制的五孔竖笛。箫，与笛同属八音中的竹类，箫的产生也很早，传说为舜所造。古代排箫也有用玉制成的，但以竹制的为多，排箫多用于庙堂祭祀，宋代以后民间已渐失传，只用于宫廷雅乐。篪，也是一种竹管乐器，唐宋以后民间已经不传，只用于宫廷雅乐。埙，是我国最古老而原始的吹奏乐器，土石、硬木、兽骨、象牙都可以制作，但最早的埙还是用土烧制的，口风的俯仰缓急与滑音变化是埙的一大特色。笙，簧管乐器，八音中属匏类，殷周时已流行，笙的名字是取"生长"的"生"字的谐音，像草木万物贯地而生。筑，古代木制打击乐器，很像古代方形的斛，上大下小，它发出声音，以表示乐曲的开始。敔，古代打击乐器，形状像一只趴伏的虎，背上有一排齿状突起物，所以在八音中属木类。

明清两朝都将中和韶乐用于坛庙祭祀，届祭期，集乐舞生于祀所，奏八音、舞八佾、玉振金声，演出武功舞、文德舞，供皇帝、百官恭祀上帝。

中和韶乐在中华人民共和国成立后很长一段时间陷于沉寂，直到20世纪80年代中和韶乐才重新受到了社会的关注，一些专家学者开展了对中和韶乐的研究，天坛也在20世纪80年代开始实施中和韶乐的保护整理，1981年天坛将珍藏多年的编钟、编磬等中和韶乐乐器在皇乾殿进行展出，这是1951年以来天坛中和韶乐乐器第一次公开展出。1987年天坛在斋宫举办了祭天文物展，又一次将中和韶乐乐器介绍给广大游园群众，这次展出还简要地介绍了中和韶乐的历史和明清两朝天坛祭祀时使用中和韶乐的情况。1989年天坛整理出了部分中和韶乐曲谱，1990年天坛组织录制了22首祭天乐曲，乐曲录制过程中使用了清代编钟编磬等中和韶乐乐器，著名音乐家吕冀等参加了录制并题词祝贺。1990年7月，天坛在祈年殿东配殿开设"祭天乐舞馆"，展出了全套的中和韶乐乐器，进行了比较系统的中和韶乐知识介绍。1993—2001年天坛举办了3次"天坛文化研讨会"，编辑整理了《天坛文化论丛》，很多专家在研讨中均提出了中和韶乐的保护问题，对保护中和韶乐的目标、工作原则、资金投入等进行了探讨。2001年天坛完成了《天坛公园志》的编纂和出版，《天坛公园志》中收录了大量中和韶乐的文字资料，包括曲谱、歌词、舞谱等。自2002年春节开始，天坛公园管理处连续举办了3届"天坛文化周"，进行祭天仪仗和祭祀乐舞表演，举办"坛乐清音"音乐会。2004年9月，天坛在神乐署举办中国古代皇家音乐展展览，分设神乐署历史沿革、中和韶乐、钟磬、乐律、词曲、鼓、笛箫、琴瑟、埙、服饰等10个展室，全面系统地介绍了中和韶乐的起源、发展及其音乐成就。凝禧殿辟为中和韶乐展演厅，展出了从远古到清末各个时代的各种中和韶乐乐器。

2005年起，天坛陆陆续续举办了多场中和韶乐表演，演出了《燔柴迎帝神》《导迎乐》等古代音乐曲目。神乐署凝禧殿成为中国唯一能够欣赏到中和韶乐演出的音乐场所。

2005年8月26日，中和韶乐申报国家非物质文化遗产名录专家论证会在神乐署凝禧殿举行，部分首都音乐界及民俗学者与会，专家们对中和韶乐作了客观评价，肯定了其珍贵的历史价值，并对天坛所进行的保护研究工作提出了中肯的建议，希望天坛改进申报书及论证报告。专家论证组最后一致同意中和韶乐申报国家非物质文化遗产并同意将如下结论写入申报书：

中和韶乐是中国古代的宫廷音乐，也是中国古代音乐的典型。

雅乐是在中华民族原始乐舞的基础上开创的质朴、典雅的宫廷音乐，中

中和韶乐镈钟、特磬

神乐署鼓展室

神乐署清代祭祀服装展

和韶乐继承了雅乐的质朴典雅的风格，明清中和韶乐的乐器、乐谱、歌词完整地保留至今，是中国音乐发展史上的一段物证，也是研究中国音乐史的一批珍贵的物质和文献资料。

中和韶乐是我国传统音乐中最具庄重、典雅、平和风格的音乐。充分表现了中国传统音乐的刚健、庄严之美。对中和韶乐应加以挖掘、研究、改创，发扬其精华，使其为今日之中国服务。

2006年12月31日，北京市文化局公布"天坛神乐署中和韶乐"为北京市首批非物质文化遗产。

天坛神乐署中和韶乐主要曲目有《圜丘九章》《祈谷九章》。

神乐署古琴室

祭天乐舞

祭天乐舞是举行祭祀大典时由祭祀乐舞生表演的舞蹈，这种舞蹈是献给神明的舞蹈，是取悦上帝专供上帝鉴赏的美妙之舞。

祭天乐舞源于远古先民的原始乐舞，经宫廷乐官整理，演变为祭祀神明教化民众的大型献舞。《周礼》称为"以致神祇，以和邦国，以谐万人"。

祭天乐舞从西周以降历代相沿，一直是中国古代皇家祭天典礼不可或缺的重要仪程，也是天坛神乐署中和韶乐演出的主要内容之一。

清朝天坛举行冬至大祀、孟春祈谷、孟夏常雩大典时初献演武功之舞，亚献、终献时演以文德之舞。献舞时，舞生列八佾，随乐起舞，动作整齐划一、疾徐适度、进退有序、雍容有加，凸显祭天乐舞庄重神圣、中庸宁静的特点，寓意太平吉祥，四海升平。

按清朝礼制天坛祭祀"行初献礼"，皇帝向上帝神位、太祖高皇帝神位献爵（酒），乐舞演武功舞，舞生手执干戚，列八佾，麾举则舞，乐止而舞止。行亚献礼、终献礼时，皇帝跪拜，乐舞生列八佾，左手执羽，右手执龠随乐舞文德舞。清乾隆皇帝在其《乾隆二十一年御制祈谷礼成恭纪诗》中描述祭祀乐舞情景曰："大武一元角茧栗，朱干八佾羽翚翩……求定明昭赉耆定，绥丰益祝万邦连。"

1914年袁世凯举办了中国历史上最后一次祭天活动，以后随着中华民国政府正式取缔祭天典礼，祭天乐舞一度退出了历史舞台。2003年春节，天坛恢复了祭天乐舞表演，自此每年春节天坛均举办文化周，从初一至初五连续5天在祈年殿演出祭天乐舞。

祭天乐舞是中国古代祭天礼仪一项不可或缺的仪程，在祭天文化发展演变过程中有着重要的历史地位。发掘、研究、保护祭天乐舞这一古老的文化遗存，具有重要的现实意义，并有一定的学术价值、艺术价值、实用价值。每年春节天坛祭天乐舞的演出对于敬天文化的传承和节日喜庆氛围的营造是非常有益的贡献。

天坛祭天乐舞已经成为天坛的文化品牌。

嘉木葱茏——天坛柏林

天坛总面积达273万平方米，主要建筑为祈年殿、圜丘、斋宫、神乐署等。在这些古建筑周围生长着大片古松柏，这些古松柏大多为明清两朝所植。根据清道光年间的统计，当时天坛有各种树木15000余株，其中大多为柏树，嘉木葱茏，碧绿青翠。

天坛大量种植柏树是由于建坛之初天坛还处于京城的南郊，地势高旷，大片的柏树能起着防御风沙的作用，能有效防止风沙对建筑的侵蚀。此外，大片柏树还将附属建筑遮蔽在树林之中，从而突出主体建筑，为祭坛创造出庄重肃穆的环境氛围。著名建筑学家刘敦桢先生这样评价天坛的柏树："在天坛中，大片的柏林在创造肃穆静谧的环境方面也发挥了极大的作用，利用姿态挺拔的和色调深静的常绿树所具有的庄严肃穆的性格，作为衬托陵墓和祠祀建筑的有效工具，是由来已久的传统手法。无论在天坛西门内的辇道上，还是在高高的丹陛桥上，人们都会感到大片苍翠浓郁的柏林在祭祀时增加人们的肃穆感方面起着重要的作用。"

1900年，八国联军入侵北京，英国军队占据天坛，辟天坛神乐署为总兵站，将铁路一直修至天坛圜丘门，砍伐了天坛大量古树，当时有胡思敬作书，记述英军侵占天坛事迹，曰："天坛，周垣十里，草木丛茂，狐兔纵横，平时人迹所不到。敌兵入，赭其地为营。"胡思敬哀诗中有"万木森森绕帐庐，郊坛日落烧痕枯"，描述了天坛古树被摧残的惨状。

天坛古树，历尽沧桑，倚天拔地，虬枝铜柯，与古老的祈年殿交相辉映，蔚为壮观。中华民国初年，桐城派诗人、时任北京大学文科学长的姚永概到天坛游历后颇有感慨，写了一首《天坛古柏歌》，称天坛"绕坛一碧皆种柏，罗列并生咸秩秩……百株千株数难悉"，认为天坛古柏"阴森夺日色凄凉，惨淡生风寒凌冽，怪根直下渴重泉，霜皮皱裂蕃修缭，真宜虎豹踞做宫，旁干犹承累叶露"。诗的末句"倚天拔地之古柏，愿与游人共爱惜"，对天坛古柏的爱惜之情溢于言表，同时也表达了对后人的谆谆告诫。

1912年8月，中华民国政府农商部将天坛外坛辟为林场，但因政局不稳，社会动荡，军阀部队多次进驻天坛，屯军扎营，而难民、流民也频频避祸于坛内，甚至垦地耕耘，天坛古柏林屡屡遭到破坏，树株锐减，至1949年天坛古树总数已不足盛时之三成。

　　天坛古树现存有 3600 余株，主要为侧柏、桧柏、国槐，以侧柏最多，这些古树集中在祈年殿、圜丘、皇穹宇周围，外坛西北部及北部广大区域也有大片柏林，形成祈年殿西柏林、祈年殿东柏林、圜丘坛柏林及外坛柏林。

　　祈年殿西柏林是天坛最古老的一片柏树林，因其位于祈年殿砖城之西，故俗称"西柏林"。其范围东起祈年殿砖城，北抵皇乾殿迤北一线，西临月季园，南至丹陛桥至西天门一线。旧时，御路俱从林内通过，故林木茂密，布局严谨，极富庄严肃重之威。

　　祈年殿西柏林主要树木有侧柏、桧柏、油松、国槐，树木总计 1600 余株，其中有古树 800 余株，内有 200 株为明永乐年间天坛初建时种植的，是天坛的原始柏。西柏林各种树木俱规则种植，整齐划一，即近年所植树木也循旧例，株行有距。西柏林自明永乐年间起始，以后经历了明、清两代及中华民国时期的经营，近年天坛补植了缺株，恢复了地被，使林中高低各种层次树木形成了梯次落差。而林下又生满了二月兰、蒲公英、苦菜、甘菊、紫菀、小蓬草、马齿苋及青绿苔草一类地被及苔藓，多种多样、不同层次的植物共同构成一个完整的植物群落。

　　祈年殿东柏林有树木 2700 余株，林中古树多为侧柏，也有少数桧柏。东柏林古侧柏多数是明永乐年间栽植的，余树皆其以后增植，唯长廊迤北有数株与其他古树迥异，传为元代所遗。内一株树形奇异，状如莲花，故名莲花柏。东柏林著名古树还有柏抱槐及乾隆古松。

东柏林面积略广于西柏林,但林中建筑颇多,虽然也是株行有距,但林木布局略疏于西柏林。昔年东柏林内曾广泛种植了构棘、麻叶绣球、玫瑰诸种灌木,以后,这些灌木逐渐消失,而地被植物也渐渐退化,20世纪50年代时天坛曾沿东柏林边缘环绕种植了一些栾树、大叶岑、元宝枫及山楂、核桃诸种经济植物。20世纪70年代时,又于林中大量补植了白皮松、桧柏,与律草、羊胡子草、马齿苋、小花唐芥、牵牛等地被植物共同构成了参差错落的植物景观。

圜丘坛柏林分布在圜丘及皇穹宇周围,树木总数达4000余株,其中古柏有900余株。圜丘坛柏林形成于明

古柏

中叶。嘉靖九年(1530年),圜丘初成时,植松柏于圜丘之侧,密密匝匝,株行有距,整齐划一。以后,历经明清两代数百年经营,

至清代晚期，绿树已成绵延之势，且密枝浓柯，高与天齐，时人谓之"坛树擎云"。清末，经庚子年（1900年）八国联军一役，林木大量被毁，圜丘

古柏

坛古柏林从此凋敝。中华民国年间，又几经劫难，许多古树被盗伐损毁。1950年以后，在柏林内建果园，大量种植苹果、海棠、梨等果木，造成赤星病泛滥，古树更趋衰弱，存量锐减。至20世纪70年代末期，始开展古柏林整治工作，修剪了干枝，伐除了死树，补植了缺株，并将果园退还为林地，大面积种植了柏树。

天坛外坛柏林范围包括今天坛西二门外迤北部分地区及北二门外广大地区。外坛柏林有林木逾万株，内古树逾800余株，多数为桧柏，少量为侧柏。

天坛外坛柏林形成于清代早期，清康熙年间开始于天坛外坛大规模植树，所种树木有松、柏、榆、槐、桑诸种，树木散乱分布，并无规则可循，谓为"海树"。至清

祈谷坛西柏林

中叶，天坛外坛共计植树 8383 株。清末，天坛遭到八国联军占领，"赭其地为营"，天坛外坛林木受到严重破坏。1912 年，中华民国政府将外坛部分地区划为林艺试验场，是时在外坛部分地区开办苗圃，养育树秧，以备造林之需。以后，屡次植树于外坛，使清末外坛林木荒疏之状稍有弥补。但由于政局不稳，中华民国后期，林场停办，外坛育林之事亦遭搁置。1948 年末，北平国民党守军更毁南外坛柏林，砍伐古树上千株，使林木茂盛之区成为旷地。中华人民共和国成立后，外坛地渐次被挤占，仅西外坛北部及北外坛西部古树尚多，依稀旧时景观。20 世纪 50 年代早期，北外坛林地大量种植园林观赏树，有皂角、苦楝、岑叶枫、蓝花楹、元宝枫、山楂等，20 世纪 50 年代晚期又大量种植果树，将外坛大部分地区辟为果园。一度形成阡陌与绿地交错、古木与花树竞长的园林景观。20 世纪 80 年代初，又辟苗圃于其处，大量培育桧柏、侧柏、白皮松、黄杨及云杉、雪松等林木。

20 世纪 80 年代，天坛开始大规模绿化改造，将 20 世纪 50 年代建设的果园逐渐恢复为林地，广泛种植桧柏、侧柏、油松等常绿树木。党和国家领导人和中央领导同志多次到天坛参加群众义务植树活动，对促进群众绿化活动

古柏林及野生地被

和改善首都城市生态环境产生了巨大的影响,同时也对天坛的环境美化和生态养护起到了有益的促进作用。经过多年持续的努力,天坛坛域大片土地实现了绿化美化,今天坛外坛古柏林地逾数十公顷,各种树木以万计,林间小径迤逦,花草繁茂,景致宜人。而内坛祈年殿、圜丘坛周边也已渐次恢复了昔年古木参天、氤氲如缕的庄严气象。

古柏

现天坛绿地总面积达到 180 公顷,种植各种树木 6 万余株,参差错落,郁郁葱葱,是北京市区内最大的一片林地,堪称为都市中的森林。

天坛是一处集中国古代哲学、天文、历法、建筑学、声学、历史学等众多学科成就于一身的伟大建筑,是古老美丽的北京最骄傲的名片。

坛庙祭祀

　　北京坛庙是中国仅存的帝都坛庙建筑群，曾经是中国古代皇帝举行祭祀的场所。明清两朝继承并发展完善了中国古代的礼仪制度，其祭祀礼仪繁缛复杂，靡费巨大，突显了"国之大事，在祀与戎"的传统政治理念。也体现了国家祀典的庄重、威严。同时，坛庙祭祀宏大庄重的场面、具有象征意义的礼仪形式，丰盛的祭品、场面恢宏的祭祀乐舞，反映出了人对神的依赖和天人之间的和谐，彰显了中华民族探索自然，顺应自然，崇尚天人和谐、社会和谐理想境界的哲学理念。

北京九坛八庙的多神崇拜祭祀制度是建立在古人对天体的观测而形成的宇宙观基础上的。先民出于农业生产的需要，对天体中的自然物——日月星辰进行了长年不懈的观测，努力地探索着天体运行的规律。在以后的发展过程中不断地继承、补充、总结、归纳，创建了以"天人合德"为核心的社会政治伦理与"敬天、尊祖、重德"信仰，这种信仰感大地载物之恩惠，悟天人和谐之法则，是中国礼制文化的核心，是几千年国家统治和社会生活秩序的基石，也是维系多民族统一国家的精神依托。天坛祭天，地坛祭地，日坛祭大明之神，月坛祭夜明之神，太庙祭祖，社稷坛祭土谷，"先农"籍田祭享农神，"先蚕"植桑以祀嫘祖，文庙祭祀孔子，帝王之庙崇德敬贤，九坛八庙的多神崇拜反映了中国古代思想家的政治智慧，是古人为构建统一和谐理想社会，而把自然宇宙观应用于社会政治生活的典范。同时多神崇拜的坛庙祭祀内容，祭祀吉时的科学特点，表达了古人对自然和社会的认知，也表明古代先贤运用天文观测、物候观测的科学成果指导着人们的生产与生活，北京九坛八庙贯穿一年各个时期的祭祀活动就是这些科学实践的证明。世界遗产中心对天坛的评价称："天坛是建筑和景观设计之杰作，朴素而鲜明地体现出对世界伟大文明之一的发展产生过影响的一种极其重要的宇宙观。"这一评价真实准确地阐述了坛庙这一中国独特创造的文化意义。

祭祀渊源与中国古代政治

祭祀，是向神灵求福消灾的传统礼仪，表现形式为敬神、求神。其意义主要为祈福和感恩。祭祀神有三类：天神、地祇、人鬼。天神称祀，地祇称祭，宗庙称享。天神地祇属自然神，这个范畴很广，自然界的日月星辰、风云雷雨、山川河流等都属于这个范畴。人鬼则主要指祖先，也包括宗师、先贤，如孔子、关帝等，这些祭祀神就是坛庙祭祀的主要对象。

祭祀源于古代先民的自然崇拜。远古时期，人对自然的认识仅仅停留在一些表象上，对于天，人们看到的是广阔无垠，是黑夜白昼，日出月落，感受到的是雷鸣电闪，暴风骤雨等，人们惊惧于天的博大，莫名于天的神秘。由于人们无法解释天及其种种现象，自然地产生了对天的敬畏，这种敬畏衍化为崇拜行为，于是就出现了祭祀，有了祭祀的行为。

辽宁省喀佐县东山嘴红山文化遗址中心有巨石砌成的长方形建筑遗存，与之对应的为一圆形的建筑遗存，并有一些彩陶形器、绿松石、龙形玉片，专家确认这个古文化遗址是中国最早的祭坛。而在浙江余杭的瑶山良渚文化遗址也发现了祭坛遗迹。红山文化距今五六千年，属新石器时代，是在燕山以北、大凌河与西辽河上游流域活动的部落集团创造的农业文化。红山文化的社会形态初期处于母系氏族社会的全盛时期，主要社会结构是以女性血缘群体为纽带的部落集团，晚期逐渐向父系氏族过渡，经济形态以农业为主，兼以牧、渔、猎并存。

中国是传统的农业国，由于古代农业完全靠天吃饭，农业与自然界的关系须臾难分，种种自然现象决定了农业收成的丰歉，决定了收获的多寡，古人自然而然地将自然界的种种现象尊为神，尊为崇拜的对象，百姓相信神会赐福给人们，消除灾难。而众多的自然现象就促成了中国古代多神崇拜的现象。

文明的进步促使信仰更加普及，对神的崇拜成为远古人类的重要精神寄托，在漫长的历史进程中，人类社会分化成统治者和被统治者，统治者清楚如何利用百姓对神的崇拜来维护统治，而统治者自身也需要精神慰藉，于是统治者更倡导并逐渐主导对神的崇拜，有意识地利用人们对神的迷信为政治服务，以"天命可畏"声称，提出"天视自我民视，天听自我民听"，将祭祀政治化，借助天的权威将对天的崇拜推向极致，称"天矜于民，民之所欲，天必从之"，进一步将"天"神化，要求"贞天道，立人极"，借助于人们对天的崇拜实施建立统治。商汤讨伐夏桀即标榜"有夏多罪，天命击之"，而人们对天人关系的探究也被赋予了更多的政治含义。

周武王伐纣后建立了周王朝，尊姬昌为周文王，后"宗祀文王于明堂以配上帝"，定郊祀礼，将"冬至日祭于地上之圜丘""夏至日祭地于泽中方丘"奉为国家大典。西周的国家制度被儒家奉为经典，孔子赞美它"天尊地卑，乾坤定矣，卑高以陈，贵贱位矣，文、武之祀犹绵绵相属者，盖以周之子孙尚能守其名分故也"。

公元前 221 年，秦一统天下，建立了统一的大帝国——秦朝。秦始皇遂亲赴泰山封禅，对天膜拜，中国"自古受命帝王，曷尝不封禅"，反映了祭天在中国古代社会政治生活中的地位及影响。秦汉以后，祭天制度即被历代封建王朝所继承，成为中国古代国家政治生活中不可或缺的重要内容。

清朝乾隆皇帝有过这样的阐述："盖年岁丰歉，本有不齐之数，惟遇灾而惧，尽人事以挽之，自然感召天和，转祸为福。"中国古代帝王对天的崇拜和祭祀在实质上反映了一种"君为本，天为用"的关系。

明清祭祀体制

中国古代的政治制度一度是世界上最成熟最完善的，也正是因为它的成熟完善，才保证了封建制度在中国的延续。中国历史上经历了多次的朝代更迭，但其基本的社会政治形态一直保持。自秦始皇确定封建制度至清王朝在 1912 年灭亡的 2000 多年里，无论是哪一个政权实施统治都基本上采用了相同的政体，也就是由皇帝家族血亲主导的中央集权的封建制。而中央政体则是逐步演变最终定型为六部五寺制，明清时期这一制度发展到了顶峰。

明王朝所设六部为吏、户、礼、兵、刑、工，五寺为大理寺、

明朝皇帝天坛祭祀年表

次数\皇帝	在位年数	天地合祀	祈谷	冬至祭天	祈雨祈雪谢雨谢雪	告祭
永乐	22	4				
洪熙	1	1				
宣德	10	9				3
正统	14	10				3
景泰	8	7			1	
天顺	8	6				3
成化	23	23			1	
弘治	18	18				
正德	16	15				
嘉靖	45	9	1	7	5	3
隆庆	6			4		
万历	47			3	1	
天启	7			1		
崇祯	17		2	5	2	
13位		102	3	20	10	12

清朝皇帝天坛祭祀年表

次数\皇帝	在位年数	孟春祈谷	冬至祀天	常雩大雩	其他（告祭等含遣官告祭）
顺治	18	3	10	2	4
康熙	60	38	44	5	5
雍正	13	12	11		1
乾隆	60	58	60	40	1
嘉庆	26	25	25	25	

(续表)

次数 皇帝	在位 年数	孟春 祈谷	冬至祀天	常雩 大雩	其他（告祭等含 遣官告祭）
道光	30	27	27	29	
咸丰	11	7	5	8	
同治	13	2	2	3	
光绪	34	19	19	18	
宣统	3				1
10位		191	203	130	12

太常寺、光禄寺、太仆寺、鸿胪寺。礼部考吉、嘉、军、宾、凶五礼之用，管理全国学校事务、科举考试及藩属和外国之往来事，主官为礼部尚书。下设四司：仪制清吏司，掌嘉礼、军礼及管理学务、科举考试事；祠祭清吏司，掌吉礼、凶礼事务；主客清吏司，掌宾礼及接待外宾事务；精膳清吏司，掌筵飨牲牢事务。祠祭司分掌诸祀典及天文、国恤、庙讳之事，"凡祭有三，曰天神、地祇、人鬼。辨其大祀、中祀、小祀而敬供之。蠲其牢醴、玉帛、粢蘁、水陆瘗燎之品，第其配侑、从食、功德之上下而秩举之。天下神祇在祀典者，则稽诸令甲，播之有司，以时谨其祀事。督日官颁历象于天下"。

太常寺为掌管礼乐的行政部门，《汉书·百官公卿表》记载曰："太常，掌陵庙群祀，礼乐仪制，天文术数衣冠之属。"太常的主管官员称太常卿。太常卿下属职官与音乐密切相关的为太常博士，协律都尉（校尉），太乐署的令、丞，与礼乐仪制有关的官员为太常博士，或称太乐祭酒、太乐博士。兼及乐制和历算的官员。

视地位高低称协律都尉（校尉）、协律中郎将、协律郎、雅乐部、钟律令、钟律郎等。其中的协律都尉、钟律令常常就是太乐令。

太常寺设卿、少卿、丞各一人，博士四人，主簿、协律郎、奉礼郎、太祝各一人。"卿掌礼乐、郊庙、社稷、坛壝、陵寝之事，少卿为之贰，丞参领之"。

祭祀分为大祀、中祀、小祀。其牺牲、币玉、酒醴、荐献、器服亦按大小祀分别等级；乐律、乐舞、乐章及宫架、特架之制亦随祭祀等级分乐序之。"凡亲祠及四孟月朝献景灵宫、郊祀告享太庙，掌赞相礼仪升降之节。岁时朝拜陵寝，则视法式辨具以授祠官。凡祠事，差官、卜日、斋戒皆检举以闻。郊祀已，颁御札则撰仪以进。宫架、鼓吹、警场，率前期按阅即习。馀祀及朝会、宴享、上寿、封册之仪物亦如之。若礼乐有所损益，及祀典、神祀、爵号与封袭、继嗣之事当考定者，拟上于礼部。凡太医之政令，以时颁行"。

明朝建国初期，以郊、庙、社稷、先农为大祀，后改先农及山川、帝王、孔子、旗纛为中祀，诸神为小祀。嘉靖中期以朝日、夕月、天神、地祇为中祀。凡郊庙、社稷、山川诸神，皆天子亲祀，遇国有大事，则遣官告祭。

清朝基本延续了明朝的祭祀制度，增孟春祈谷为大祀，并增堂子为中祀。堂子是满族传统的祭祀，清建国后即建堂子，清昭梿《啸亭杂录·堂子》记载："国家起自辽沈，有设杆祭天之礼。又总祀社稷诸神祇于静室，名曰堂子，实与古明堂会祀群神之制相符，犹沿古礼也。既定鼎中原，建堂子于长安左门外，建祭神殿于正中,即汇祀诸神祇者。"

明清时期,各个坛庙祭祀典礼都是由礼部主持,其余吏、户、礼、兵、刑、工各部及太常寺、光禄寺、鸿胪寺、钦天监、奉宸苑、内务府等众多部门也参与筹备实施。若皇帝亲祭,众多的王公大臣还要陪同祭祀。

祭祀礼仪

明清两朝祀典规定,祭天典礼仪程包括"进祀册""题请""涤牲""省牲""演礼""斋戒""上香""视笾豆""视牲""行礼""庆成"等多项内容。

进祀册,确定吉期

钦天监每年十一月上旬,将第二年各祭祀日期,于奉天门奏进。嘉靖九年(1530年),更定郊礼,定以九月自大报之祀为始,开列具奏。嘉靖十五年(1536年)定以九月朔,礼部尚书于奉天殿进呈。钦定仪注,每年九月朔,大宗伯以大报日期等日告于皇帝,前期宿于本衙门,鸿胪卿具请皇帝御殿及设案奉天殿中。"是日,百官公服侍班,皇帝身着皮弁,大宗伯具朝服,自午门中道行,捧祀日册立置于案,皇帝就案先立定,大宗伯跪奏:'嘉靖　年分大报等祀日册，请敬之。'皇帝摺圭，取而恭视，视毕，序班举案置于华盖殿中，皇帝升座，百官叩头如常礼。"

题请，确定祭祀时辰及参加人员

乾隆十四年（1749年）议准：每年祭祀日期由礼部于前两年的十月行钦天监，按照祀典应预选日期者择取吉期，与其他每年有固定日期的各类祭祀按册呈报礼部。礼部则于第二年正月开列具题，行知太常寺届期预行题请。

每年祭祀，圜丘在冬至日；方泽在夏至日；祈谷在辛日，即祈谷祭在正月上辛或次辛或下辛日，总之在立春后进行；龙见而雩，即立夏后选择吉日进行雩祭；太庙祭献，如在孟春于上旬择取吉日，若遇夏、秋、冬均在每季第一月的阴历初一；大祀（含祭先祖之仪）于除夕前一日进行。

此外，"春秋二仲祈报社稷以戊、朝日以春分、夕月以秋分，释奠先圣先师以丁；仲春或季春祭献先农以亥，祭献先蚕以巳；仲春仲冬拜祭先医以甲；祭太岁孟春于上旬择取吉期，若遇季冬则于除夕前一日；春秋祭历代帝王及群祀皆择吉日；祭火神于六月二十三日；祭炮神于九月初旬；关帝除于五月十三日致祭外，更于春秋两季择取吉期致祭；文昌，春祭定于二月初三，秋祭则另选吉日"。祭祀当日均在天亮时进行，只有朝日于卯时，夕月以酉时。

每逢祭祀，题请日期规定如下：圜丘、祈谷、常雩、方泽之祭均在大祀前25天具题；太庙、社稷坛、日坛、月坛、历代帝王庙、先师庙、先农坛、太岁坛均前期20日具题；只有先蚕坛由礼部具题；先医庙、关帝庙、文昌庙、火神庙、显佑宫、东岳庙、都城隍庙、黑龙潭龙神祠、玉泉山龙神祠、昆明湖龙神祠、惠济祠、河神庙、贤良祠、昭忠祠、双忠祠、旌勇祠、奖忠祠、褒忠祠均前期15日具题；唯独祭白龙潭龙神祠每届祀期前10日由太常寺专折具奏；祭炮神以八月具奏，无定期；睿忠亲王、定南武壮王、宏毅公等之祭由太常寺举行，不具题。

圜丘、祈谷、常雩、方泽、太庙、社稷、先农之祭及朝日遇甲丙戊庚壬年（即每隔1年）、夕月遇丑辰未戌年（即每隔2年），上疏皇帝，恭请皇帝亲诣行礼或派遣官员代为行礼。日坛、月坛之祭未遇皇帝亲祭之年，则与应该题请的中祀、群祀一起，专请遣官。

题请遣官恭代及遣官承祭规定：祭圜丘、祈谷、常雩、方泽以亲王、郡王轮流奏派；太庙、太庙后殿、社稷坛、日坛、月坛、历代帝王庙、先农坛以亲王、郡王轮流开列；太岁殿以亲王、郡王；先师庙以满汉大学士；崇圣祠以祭酒、司业（亲行释奠则崇圣祠以大学士）；先蚕坛由礼部奏请；先医庙以礼部堂官；火神庙、显佑宫、东岳庙以太常寺堂官；黑龙潭龙神祠、惠济祠、河神庙以圆明园大臣、清漪园大臣；昆明湖龙神祠同前（后改遣散秩大臣），白龙潭龙神祠以散秩大臣；关帝庙、文昌庙、都城隍庙、贤良祠、昭忠祠、双忠祠、旌勇祠、奖忠祠、褒忠祠以内大臣、散秩大臣、都统、尚书；关帝庙后殿、文昌庙后殿以太常寺堂官；

炮神以汉军都统奏派，有王爵者奏闻后写入祝版，如无王爵，则以都统职名写入祝版，子母炮神以满洲火器营奏派之大臣职名送太常寺，由太常寺具奏后写入祝版；贤良祠后祠及功臣专祠均以太常寺堂官承祭，不具题。

分献官奏派：圜丘、常雩、方泽之祭，从坛各4人，均从内大臣、散秩大臣、都统、尚书中选派；太庙两庑2人，东庑以宗室散秩大臣，西庑以满洲散秩大臣；月坛从坛1人，如亲祭以亲王、郡王充任，若遣官行礼则以侍郎充任；历代帝王庙两庑4人，以侍郎、内阁学士、副都统、副都御史，若遇皇帝亲祭，则以尚书、左都御使、都统、散秩大臣开列具奏；春秋丁祭先师庙，分献十二哲位由翰林院修撰、编修、检讨中选派2人，两庑用国子监官4人，若遇亲祭，分献四配位用尚书4人，十二哲及两庑用侍郎6人，全部开列具奏；崇圣祠四配位及两庑以国子监4人；太岁殿两庑2人以太常寺堂官，先医庙两庑2人以太医院堂官，均于具题疏内开列；唯有昭忠祠两庑及后祠13人用太常寺官，均不开列具题。

已拟定钦派的承祭官、分献官若奉特旨出差或别有事故，即以原咨送开列之大臣奏请改派。如果来不及另奏，则告知原咨送开列之大臣代为行礼。若值御驾亲巡在外，曾经奉旨派出之承祭、分献官适有事故，而又不及上奏，则请留京办事王大臣于在京之斋戒大臣内另派人员致祭。以上两种情况均于事毕补行奏闻。

承祭官、分献官以及王公内大臣临期行取宗人府侍卫处。"散秩大臣职名豫期咨取，送太常寺奏请，钦点数人以备开列。大学士、学士、尚书、侍郎、左都御史、副都御史、都统临期咨取满洲官职名题请"。只有先师庙、文昌庙、传心殿、先医庙之祭满汉并列具题，请旨后行知各衙门。时值列圣、列后之祭，由礼部行知太常寺照例具题。

祇告天、地、太庙、社稷以及各陵之祭与正祭共同告祭。顺治元年（1644年）定，后土、司工、窑神、门神之祭承祭官以礼、工二部满汉堂官开列。康熙二十四年（1685年）定，祇告传心殿以满汉大学士开列。

告祭中只有祈雨、谢雨、祈晴、谢晴或亲诣、遣官由礼部奏请，得旨后行知太常寺。因事祇告亦由礼部题请告祭日期，行文太常寺，按例开列，奏请遣派。

进铜人，宣示斋戒，杜绝一切嗜欲，表达虔诚庄敬

铜人高一尺五寸，手执铜牌，前后面各书"斋戒"二字。斋戒牌（榜）另具木牌，饰以黄纸，恭书斋戒日期，清代斋戒牌为满汉文并书。

遇皇帝亲诣行礼，规定进斋戒牌、铜人的时间：大祀于前期四五日具奏，前期3日恭进；中祀于前期三四日具奏，前期2日恭进。大祀天坛、祈谷坛、常雩、地坛，如遣官行礼，奏请停进斋戒牌、铜人。太庙、社稷及中祀不具奏。至两祭相连，只奏亲诣行礼之斋戒，其遣官行礼亦不具奏。

进斋戒牌铜人，执事官俱穿补服。遇朝期忌辰亦同。

斋戒牌

大祀天地时，如遇驾御斋宫，斋戒牌、铜人于乾清门安设2日，于坛内斋宫安设1日；如不御斋宫，则于乾清门安设3日。太庙、社稷，于乾清门安设3日。中祀，于乾清门安设2日。皇后亲祭先蚕前期，绿头牌内奏明，太常寺恭送乾清门，交内务府转交内监，于交泰殿安设2日；若遣妃恭代，则停进铜人。

清康熙九年（1670年）题准，斋戒牌铜人由礼部太常寺官恭设于乾清门中门东第一楹前，承以黄案。

又清乾隆七年（1742年）议奏，圜丘、方泽、祈谷、常雩之祭，太常寺于前期4日具奏斋戒日期，进斋戒牌、铜人，于乾清门安设2日，坛内斋宫

斋戒铜人

安设1日；太庙、社稷于前期4日，若遇忌辰则于前期5日具奏，于乾清门安设3日；朝日、夕月以及祭历代帝王、先农于前期三四日具奏，于乾清门安设2日。均祭日撤回。皇后亲享先蚕，于前期3日具奏，如遇忌辰则于前期4日具奏，进斋戒牌铜人于乾清门转交内监，于交泰殿安设2日，祭日撤回。

致斋，开始斋戒

大祀天、地时，皇帝颁敕，群臣誓戒，百执事在京各衙门预书于版。若有事告祭于圜丘、祈谷、常雩、方泽，均于前期3日王公陈设府第、文武官员陈设公署，各自虔敬致斋，等候陪祀及恭与执事。

大祀3日，中祀2日，降香1日。传制遣官，前一日沐浴更衣于斋宫，次日还宫。明洪武三年（1370年）定，大祀，百官先沐浴更衣，本衙门宿歇；次日听誓戒毕，致斋3日（唯圜丘誓戒，宗庙、社稷虽致斋3日，但免誓戒）。同时令礼部铸铜人，高一尺五寸，手执牙简。如大祀则书"致斋三日"、中祀则书"致斋二日"于简上，由太常寺进置于斋所。洪武五年（1372年），令诸衙门各置木斋戒牌，刻文其上："国有常宪，神有鉴焉"，凡遇祭祀则设之。嘉靖三年（1524年）斋戒日，令文武百官随品穿吉服并青绿锦绣。

凡大祀、中祀，斋戒日不理刑名、不办事（有紧要事仍办）、不宴会，不听音乐、不入内寝、不问疾、不吊丧、不饮酒、不食葱韭薤蒜、不祈祷、不祭神、不扫墓。前期1日沐浴。有炙艾、体气、残疾、疮毒未愈者，皆不斋戒陪祀。

清康熙三十二年（1693年）定：陪祀致斋各官，有期服者，一年不得参与斋戒；亲丧者，27日不致祭；大功、小功、缌麻殁在京师者，1月不得参与斋戒；在京闻讣者，10日不得参与斋戒。

清嘉庆十九年（1814年）定：大祀，太常寺执事官俱昼夜在署斋戒。

大祀天、地，皇帝于大内斋宫致斋2日，坛内斋宫致斋1日；亲王、郡王在紫禁城内斋戒2日，坛外斋宿1日；宗室奉国将军以上在该衙门斋戒2日，坛外斋宿1日；八旗满洲蒙古汉军、轻车都尉、佐领以上，满、汉文职员外郎以上，武职冠军使及京营参将、游击以上，均在各衙门斋宿2日；外任来京官文职道府以上，武职协领副将以上，附近地方斋宿2日，祀前1日各赴坛外斋宿。如遣官恭代，王公不斋戒，各官在署致斋3日。享太庙、祭社稷，亲王、郡王在紫禁城内致斋3日；文职郎中以上，武职冠军使、轻车都尉及京营参将、游击以上，在署斋戒3日。

清嘉庆二十五年（1820年）定：应斋戒人员俱昼夜住宿公所，不准潜回私宅。派出查斋之员于日间稽查1次，夜间稽查1次，如有不到者，指名参奏。

演礼

祭祀演礼，大祀于祀前40日进行，中祀则在30日前。每旬逢三、六、九日，由太常寺堂官亲自率领，演礼于神乐署之凝禧殿。祭献太庙，以王公1人监视宗室觉罗官；祭先师以国子监祭酒、司业监视国子监官及肄业生，同日习学于殿廷。会乐部典乐时监视亦如之。

祭祀坛、庙遇亲诣行礼，奉福胙光禄寺官、接福胙侍卫以及祭献太庙奠帛、献爵宗室觉罗官、释奠于先师国子监执事官生，均于视牲看牲日赴凝禧殿演礼。如演礼日适遇忌辰，则改于次日演习。

清康熙十年（1671年）题准，奉福酒福胙光禄寺官、接福酒福胙侍卫均由太常寺咨取，各官于祀前2日黎明赴凝禧殿演礼。

清雍正七年（1729年）议准：向来各祭祀于祀前2日赴凝禧殿演礼，祀前1日至祭所演礼。嗣后，应令执事官均祀前2日演礼于凝禧殿，停其祀前1日赴祭所演礼。

清乾隆元年（1736年）定，太庙献爵、奠帛宗室觉罗官由太常寺咨呈宗人府，传于祀前3日黎明赴凝禧殿演礼。

清乾隆七年（1742年）议准，每年春、秋于三月、九月赴掌仪司演乐1次。

清乾隆十八年（1753年）定，遣官释奠于先师，以国子监官及肄业生司香奠帛、献爵，由太常寺咨取，各执事人于祀前2日黎明赴凝禧殿演礼，并咨取国子监堂官1员监视。

清嘉庆四年（1799年）议准：向例每逢皇帝亲诣各坛、庙致祭，于斋戒日内在神乐署演乐，后改于城隍庙，今应循旧例，仍在神乐署，以省往返挪移乐器之烦，乐部堂官会同太常寺堂官看视演习。

视牲看牲

清顺治十四年（1657年）定：圜丘、祈谷、常雩、方泽之祭，于前期5日遣亲王1人恭代视牲，前期2日遣礼部堂官1员看牲。享太庙、祭社稷于前期3日，日坛、月坛、历代帝王庙、先师庙、先农坛、先蚕坛之祭于前期2日，均由礼部堂官会同太常寺堂官至牺牲所看牲。

清嘉庆十八年（1813年）五月二十日庆郡王永璘贻误地坛视牲，被处罚。大致经过见太常寺奏折："夏至大祀地坛前，经奉旨遣永璘视牲，遵即知照宗人府转行知会。十九日，庆郡王永璘并未赴牺牲所视牲，特据实参奏，当令军机大臣询问庆郡王永璘因何迟误，据称因清文生疏，接到宗人府知会时，误认为陪祀，是以未经视牲等语。永璘即清文生疏，伊府中官属岂无通晓清文之人，何至将视牲认作陪祀？殊属疏玩。永璘著交宗人府严加议处。"

阅祝版、御斋宫

阅祝版

皇帝亲诣行礼于前期2日，奏阅祝版。圜丘、祈谷、常雩之祭，御太和殿阅祝版、玉、帛、香；方泽之祭，御中和殿阅祝版。

驾御斋宫日，均御龙袍、龙褂，执事官均着彩服，遇朝期、忌辰亦如此。太庙、社稷诸祭均御中和殿阅祝版，皇帝御龙褂，执事官着补服，遇朝期、忌辰亦如此。若遇遣官致祭，祝版由内阁奉送祭所。

阅祝版时刻按规定于日出时，预行钦天监查明系何时刻，送太常寺先期奏闻。如改于日出前数刻，应于祝版案上添设羊角灯一对，由掌仪司官预日率该殿首领内监于总管内监处领出，暂收殿内。翌日，该殿首领内监燃烛。太常寺官指示安设毕，内监退。太常寺执事官执灯等候。阅毕，掌仪司官率该殿首领内监撤交。其灯内所需白蜡一对，掌关防管理内管领处径交首领内监应用。事竣，仍由该处领回。

大祀天坛、地坛，逢遣官行礼，则停止阅祝版并停进斋戒牌、铜人，同日具奏。社稷、太庙及中祀逢遣官行礼及群祀，祝版均由太常寺官内自内阁恭奉祭所，不具奏。祝版书御名者，先期送内阁敬书。祀前1日，皇帝于太和殿、中和殿阅毕，奉往祭所安设。

祭所祝版规定：天坛，纯青纸朱书；地坛，黄纸黄缘墨书；太庙、社稷，均白纸黄缘墨书；日坛，纯朱纸朱书；月坛，白纸黄缘墨书；历代帝王、先师、先农、天神、地祇、太岁、先医、关帝、文昌、火神、北极佑圣真君、东岳、都城隍，均白纸黄缘墨书；黑龙潭龙神祠、玉泉山龙神祠、昆明湖龙神祠、白龙潭龙神祠、惠济祠、河神庙、炮神、贤良祠、昭忠祠、双忠祠、旌勇祠、奖忠祠、褒忠祠，均白纸墨书；睿忠亲王等祠，祝文用白纸墨书，无版。各坛、庙读祝只读清文。承祭和赞礼均用满洲官。

御斋宫

郊坛斋宿，大祀圜丘、祈谷、常雩时，皇帝乘玉辇，设大驾卤簿；祭方泽乘金辇，设法驾卤簿。祀前1日，圣驾诣坛，于神位前上香行礼，视坛位、笾豆、牲牢，结束后，乃御斋宫。是夜，严更宿，皇帝出入经过的地方严加戒备，断绝行人。

清乾隆七年（1742年）议奏：圜丘、祈谷二坛共有斋宫一所；方泽坛、先农坛各有斋宫一所；日坛、月坛各有具服殿一所。圜丘、祈谷、方泽如遇亲诣行礼，应于别殿斋戒2日，斋宫1日。若遣官恭代，亦令该承祭官诣坛斋宿。日坛、月坛、先农坛均系中祀，致斋2日，如遇亲诣行礼，只在别殿斋戒。

上香、视笾豆

清乾隆十二年（1747年）谕："朕惟致敬郊坛，宜崇典制，于祀前一日恭诣坛位，躬亲省视，展洁告虔，良云周备。只是神主向藏皇穹宇、皇祇室、皇乾殿，考之唐开元礼，先期升主、陈设、省视、复收，朕思因省事而陈设神主，有违神道静穆之义，未协寅恭严事之诚，应躬省皇穹宇、皇祇室、皇乾殿上香行礼，分献官诣配殿行礼，肃将悃忱，以表达对神主虔诚之意。但事属创举，应由大学士会同该部详悉定议，并与恭诣坛位后亲视笾豆之处，一并具仪奏闻。"

遵旨议奏："皇帝亲阅笾豆或遣官视笾豆，前期恭请圣训。如奉旨阅笾豆，前期二日太常寺进呈皇帝御斋宫、诣皇穹宇上香行礼、视坛位、笾豆仪注，如奉旨遣官视笾豆，太常寺进呈皇帝御斋宫、诣皇穹宇上香行礼、视坛位仪注。至遣官恭代行礼，先期奏请承祭官恭视坛位，并视笾豆牲牢。"

清乾隆十四年（1749年）议准："斋戒以交神明，防外声之感，乃以肃内心之敬。鼓本乐器，而用兼施于军；角为军乐，而后遂设为卤簿。斋坛之夕，严更鼓，吹画角，其义诚无所取。嗣后，斋宫吹角、严鼓悉行停止，以昭肃穆。"

祭祀官服及陈设

祭服

皇帝大祀冕服，中祀皮弁服。陪祀诸臣各用部本品梁冠祭服。清乾隆七年（1742年）定：关于祭服，圜丘、祈谷、常雩之祭，祀前1日，皇帝诣斋宫御龙袍衮服，扈从执事各官均着彩服；祀日，皇帝御天青祭服。祭方泽着明黄祭服。朝日着大红祭服。夕月着玉色祭服。其余各祀皆着明黄祭服，王公以下喷撒执事各官皆着朝服。

玉帛

神讲究衣着饰物，祭品中少不了玉帛。《左传》载："牺牲玉帛，弗敢加也。"《墨子·尚同》云："其事鬼神也，圭璧币帛，不敢不中度量。"玉帛包括各种玉制礼器和皮帛，玉在祭祀中有非常重要的作用，《周礼》里有记载以玉做六器以礼天地四方之说，因为古代人们把玉视为美好、珍贵的象征，故祭祀必以玉做奉献。帛，是丝织物的总称，古代普通人仅能以葛麻为衣，高等级的王公贵族用帛蔽体，帛在古代是极为珍贵的。正因为玉帛的稀罕与贵重，古人祭祀时以玉帛为祭品。

祭祀用玉共有6种：圜丘、祈谷、常雩用苍璧，方泽用黄琮，社用黄圭，稷用青圭，日用赤璧，月用白璧。均祭时陈列，事毕收藏。

制帛共有7等：大祀天、地用郊祀制帛；告祀用告祀制帛；祭献列圣、列后用奉先制帛；社稷、日、月、历代帝王、先圣先贤及一切神祇之祭均用礼神制帛；享宗藩用展亲制帛；享功臣用报功制帛；其余各祭均用素帛，其色泽根据郊祀的类别而定。

乐舞

乐分4等：天地九奏；神祇、太岁八奏；大明、太社稷、帝王七奏；夜明帝、社稷、宗庙、先师六奏。舞皆八佾，有文德舞、武功舞，先师舞六佾，用文德舞。

文武舞生冠履圜丘服色用青苎丝，方泽用黑绿纱，朝日用赤罗，夕月用五色罗。

大祀、中祀均奏中和韶乐，乐章皆用"平"字，只有日坛用"曦"字，月坛用"光"字，先农坛并社稷坛祈雨、谢雨及祈报天神、地祇、太岁各用"丰"字，社稷坛祈晴、谢晴用"和"字。

清顺治元年（1644年）规定：坛、庙用中和韶乐，凡九奏、八奏、七奏、六奏所用乐器，均为金钟十六、玉磬十六、琴十、瑟四、排箫二、箫十、笛十、笙十、埙二、篪六、建鼓一、镈钟一、特磬一、搏拊二、柷一、敔一，司乐章者执木笏十。只有先师庙所用乐器

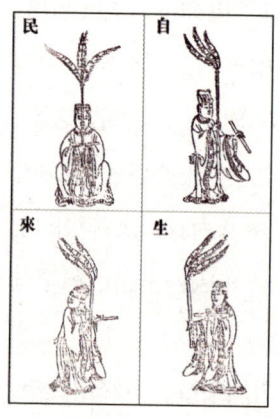

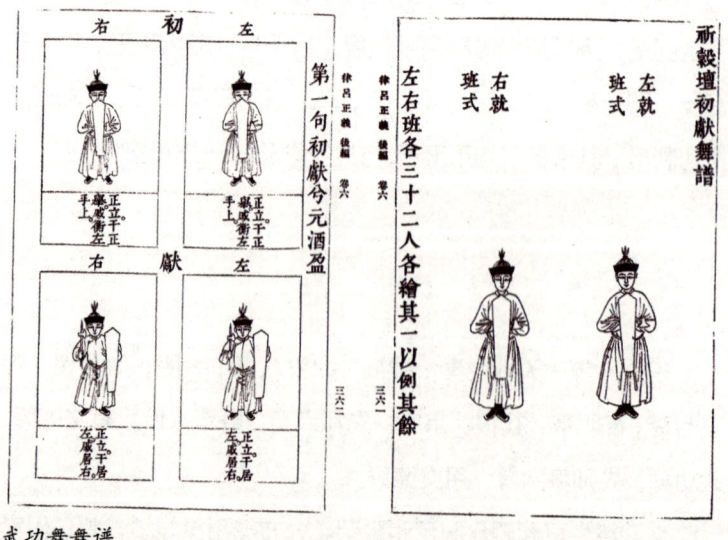

文德舞舞谱

武功舞舞谱

中琴、箫、笛、笙、木柷俱六，篪四，其余乐器相同。祭先蚕坛奏乐不用乐悬。

坛、庙设乐的方位有所不同：圜丘设乐于三成阶下，北向；祈年殿设乐于殿外丹陛上，北向；方泽设乐于二成阶下，南向；太庙设乐于殿外阶上，北向；社稷坛设乐于坛下内壝门内，南向；历代帝王庙、先师庙均设乐于殿外阶上，北向；先农坛设乐于坛下，北向；天神坛设乐于坛下之南，北向；地祇坛设乐于坛下之北，南向；太岁坛设乐于殿内，北向；先蚕坛设乐于坛下，北向；先医庙、火神庙、显佑宫、东岳庙、都城隍庙、黑龙潭龙神祠、玉泉山龙神祠、昆明湖龙神祠均设乐于右阶上；白龙潭龙神祠、关帝庙设乐于东西阶上；文昌庙设乐于殿外甬路两旁；惠济祠、河神庙均设乐于甬路之旁；后土、司工之神均设乐于祭所之右；窑神、门神均设乐于坛前西序。

若遇郊祀回銮，前部大乐设自坛门，止于天安门，和声署委导迎乐，皆奏《佑平之章》，由銮仪卫职掌。

祭祀乐律：圜丘、祈谷、常雩以黄钟为宫；方泽以林钟为宫；太庙以太簇为宫；社稷坛，春以夹钟为宫，秋以南吕为宫，祈祀同春祭，报祀同秋祭；日坛以太簇为宫；月坛以南吕为宫；历代帝王庙、先师庙，春以夹钟为宫，秋以南吕为宫；先农坛以姑洗为宫；先蚕坛以仲吕为宫；天神从圜丘，以黄钟为宫；地坛从方泽，以林钟为宫；太岁以太簇为宫；群祀，先医庙以下诸祭，均奏庆神欢曲。

关于佾舞：天坛、地坛、太庙、社稷坛、日坛、月坛、历代帝王庙、先农坛、天神坛、地祇坛、太岁坛舞皆八佾，文舞生64人，武舞生64人；先师庙用六佾，文舞生36人；先蚕坛不用佾舞；大雩文舞、武舞各64人，皇舞16人。

祭器定制

笾以竹丝编造，用绢为里，涂以漆，郊坛之笾用纯漆，太庙用笾画以文彩。豆、登、簠、簋，郊坛用陶；太庙之豆与簠、簋都用木质并涂漆，饰以金玉；登亦用陶。铏用铜范浇铸，并饰以金。贮酒用尊，郊坛之尊用陶；太庙之祭，春用牺尊，夏用象尊，秋用著尊，冬用壶尊；岁暮大祀祭用山尊，都用铜范浇铸。献酒用爵，圜丘、祈谷、常雩、方泽等大祀用匏爵，承以檀香垫座；太庙用玉爵，两庑用陶爵；社稷坛正位用玉爵一、陶爵二，配位用陶爵。日坛、月坛、先农坛、先蚕坛之爵及社稷、日、月、先农、先蚕各坛之豆、登、铏、簋、簠、尊均用陶。历代帝王、先师及诸祭祀所用豆、登、铏、簋、簠、尊、爵用铜，不加金饰。笾均用竹制，只有各龙神祠、惠济祠、河神庙用铜。祭器用陶，各依其色：圜丘、祈谷、常雩皆用青色；方泽用黄色；日坛用赤色；月坛用白色；社稷坛、先农坛用黄色；太庙之登用陶，黄质饰以华采；其余应用陶器者，皆用白色。盛帛用筐，竹丝编造，涂以漆，漆色如其器。宰牲用俎，木质，涂以丹漆。毛血盘用陶，各从其色。

祭品

祭祀最主要内容是献食。《礼记·礼运》载"夫礼之初，始诸饮食。其燔黍捭豚，污尊而抔饮，蒉桴而土鼓，犹可以致其敬于鬼神"，意思是说，祭礼起源于向神灵奉献食物，只要燔烧黍稷并用猪肉供神享食，凿地为穴当作水壶而用手捧水献神，敲击土鼓作乐，就能够把人们的祈愿与敬意传达给鬼神。研究文字的起源也会发现，表示"祭祀"的字多与饮食有关。

在诸多食物中，又以肉食为最。在原始采集和狩猎时代，肉食是人们拼着性命猎来的。当原始农业和畜牧业发展起来时，肉食仍极为宝贵。正因为如此，肉食成为献给神灵的主要祭品。

古代用于祭祀的"牺牲"，指马、牛、羊、鸡、犬、豕等牲畜，后世称"六畜"。六畜中最常用的是牛羊豕三牲。鱼兔野味也用于祭祀，但不属"牺牲"之列。

牲，分四等。一犊，二牛，三太牢，四少牢。色泽尚骍（赤色）或黝。大祀用牲，入涤九旬，中祀三旬，小祀一旬。大祀圜丘、祈谷、常雩、方泽，正位、配位均用犊，四从坛、大明、夜明用牛，星、辰、云、雨、风、雷、岳、镇、海、渎用太牢；太庙正殿及东庑、社稷坛、日坛、月坛、历代帝王、先师、先农、先蚕、天神、地祇、太岁、先医庙正位、关帝、文昌、火神、东岳、都城隍均用太牢；太庙西庑、历代帝王庙两庑、先师庙配位、先师庙哲位及两庑、崇圣祠、关帝庙后殿、文昌庙后殿均用少牢。

牲牢制作

祀前2日，宰牲派光禄寺堂官一员，上香派御史、礼部司官各一员监视。前期移会各该衙门，照例派出，于祀前2日黎明时赴坛会集。届时朝服将事。

宰牲日，太常寺预设香案于宰牲亭外，南向，施天青缎案衣，案上陈设铜香炉一，香靠具内设炭墼一，烛台二，上陈二两重黄蜡二支，香盒一，内盛降香二两，司香烛执事生二人分立于香案左右，署官二员预赴牺牲所领取牲只。厨役书牲只数目，分呈监宰各官，赞礼郎二员前导，光禄寺堂官诣香案前，北面立，三上香毕，御史、礼部司官、太常寺典簿咸朝服，监视所军牵牲只过香案前，按次送至宰牲亭。每宰牛一只，厨役一人诣香案前跪告如仪。

宰牲毕，厨役预设青瓷毛血盘八，每盘实黄纸条一，各书"牛"字。监宰各官监视厨役各取牛毛血少许，实于各盘黄纸上，恭设笾豆库。祀日，太常寺官率厨役数毛血瘗于瘗池。

胙牛，由太常寺宰牲修涤后，交光禄寺官员，率役即于笾豆库割块，陈设胙盘。

制造笾豆及宰牲后，博士、典簿前引太常寺堂官周视如仪。

牲只额：用供牛八，羹牛一，燔牛一，胙牛一，豚拍用豕二，糁食用羊一，鹿二，兔八。

牺牲所，设武职及军人专管牧养。牲房中3间养郊祀牲，左3间养宗庙牲，右3间养社稷牲，余屋养山川、百神之牲。明洪武六年（1373年）奏准，郊庙牺牲已在涤者，如有伤则出之，死则埋之,有疾者,则养于别所,待其肥壮后,以供小祀、中祀之用。若未及涤或有伤疾者,归所司别用。

粢盛　祭酒

作为祭品的食物除"牺牲"外,还有粮食五谷,称"粢盛"。鲜嫩的果品蔬菜在民间祭祀中也是常用的祭品,酒也是祭祀神灵必备的祭品。

祭品盛放器皿:登一,盛以大羹;铏二,盛以和羹;簠二,各盛黍、稷;簋二,各盛稻、粱;簠簋如各一,则簠兼盛黍、稷,簋兼盛稻、粱。只有先师庙两庑所供簠簋有黍、稷无稻、粱。其笾豆各十二者,笾放形盐、藁鱼、枣、栗、榛、菱、芡、鹿脯、白饼、黑饼、糗饵、粉糍,豆盛韭菹、醓、菁菹、鹿醢、芹菹、兔醢、笋菹、鱼醢、脾析、豚拍、酏食、糁食;笾、豆各十者,笾盛糗饵、粉糍,豆盛酏食、糁食;笾、豆各八者,笾盛黑饼、白饼,豆盛脾析、豚拍;笾、豆各四者,笾盛藁鱼、榛、菱、芡,豆盛韭菹、醓醢、笋菹、鱼醢;群祀无笾豆者,用木盘五,盛放核桃、枣、栗、荔枝、龙眼;告祭,笾盛以红枣、桃仁、榛仁、葡萄、莲子,豆放以鹿脯、鹿醢、兔醢。

供用大羹、和羹:天坛、地坛正位、配位,从坛大明、夜明均专用大羹,其余兼用和羹;太庙、社稷及列在中祀者,均兼用大羹、和羹;群祀中只有关帝庙兼用大羹、和羹,余祀均专用和羹。

陈设定式:左簠、右簋,分列案中间,笾从簠,列簠之左,豆从簋,列簋之右。簠之序,稷次于黍;簋之序,粱次于稻;笾之序,形盐、藁鱼、枣、栗、榛、菱、芡、鹿脯、白饼、黑饼、糗饵、粉糍，依次行列；豆之序，韭菹、醓醢、菁菹、鹿醢、芹菹、兔醢、笋菹、鱼醢、脾析、豚拍、酏食、糁食，依次行列。登、铏与簠簋夹列，随案陈设。

供备祭品：大祀，每尊用酒八瓶；中祀，每尊用酒六瓶；群祀，每尊用酒四瓶；群祀之祭，每尊用酒二瓶。

米面、菜蔬：笾豆各十二者，用黍、稷、稻、粱各一升，糗饵、粉糍、稻米各二升五合，酏食、糁食、稻米各一升，白面、荞面各二斤，青菜三斤，芹菜一斤八两，韭菜一斤；笾豆各十者，用黍、稷、稻、粱各七合，白面、荞面各一斤十二两，青菜二斤，芹菜一斤四两，韭菜十四两；笾豆各八者，用黍、稷、稻、粱各七合，青菜二斤，芹菜一斤四两，韭菜十四两；笾豆各四者，用黍、稷、稻、粱各四合，青菜二斤，芹菜一斤四两。

果品如榛仁、菱米、芡实、核桃、荔枝、龙眼、藳鱼、醢鱼、笋等项各按定例应用。只有中祀内有笾豆之祭，红枣每案不过一斤十二两，栗子每案不过二斤二两；群祀无笾豆之祭，红枣每盘不过五斤，栗子每盘不过六斤。

祀前一日，太常寺博士监视制造笾、豆、登、铏之实，以次展器于神库。

木柴，各按牲只、笾豆多寡为例。退牲木柴：牛每只一百二十斤，夏日一百斤；羊豕每只三十五斤，夏日二十五斤；胙牛，一百五十斤，夏日一百三十斤。

造笾豆木柴：笾豆各十二、各十者，每案三十五斤，夏日二十五斤；笾豆各八者，每案二十斤，夏日十五斤；笾豆各四者，一案四斤，每加一案递加二斤。

炭饼按炉支取，烧炭饼木炭，每个四两。

燔柴照例取用。焚帛、芦苇：制帛在两端以内者，每端五斤，两端以外者，酌量递加。

行　礼

行礼指祭祀当日典礼过程，包括人员职责，行走站位，主祭人行礼程序等，烦琐细致至极，突出体现了祭祀活动的神秘庄重。

辨位

辨位指行礼时各参加人员所站位置，各坛庙场所不同，人员站位也相应变化，所有变化都有特殊规定。以祈谷坛为例，清朝仪制规定如下：

皇帝亲诣行礼位次：殿门内正中为皇帝行礼拜位，少前为读祝受福胙拜位，均北向；丹陛东西为诸王、贝勒、贝子、公陪祀拜位，左翼东阶西上，右翼西阶东上；丹墀内东西为陪祀百官拜位，东西各五班，东位西上，西位东上，重行异等，皆北面。

亲诣行礼执事位次：殿门内太常寺官二员分立皇帝行礼拜位左右；一司拜牌，西面；一司拜褥，东面。司祝版灯官一员立祝案之西，东面。司香官五员、司玉帛官一员、司帛官四员、司爵官五员、司读祝受福胙拜牌官一员序立东案之东，西面。读祝官一员、司香官三员、司帛官三员、司爵官三员、司读祝受福胙拜褥官一员序立西案之西，东面。司爵执事生八人分立尊案之后，光禄寺堂官二员立东司香之后，西面；侍卫二员立西司香之后，东面；赞赐福胙官一员立西司爵之次，东面。侍仪之礼部堂官二员立东案之南，西面；侍仪之都察院堂官二员、乐部典乐官一员立西案之南，东面。典仪官一员、司节次灯官一员立东檐下，西面。唱乐官一员立丹陛上之东，举麾官一员立唱乐之次，西面；对麾官一员立丹陛上之西，东面。引舞官四员及乐工序立东西乐悬之次，北面；歌工立乐工之次，东西面。乐舞生文武八佾分行序立，东在歌工之左，西在歌工之右，皆东列西上，西列东上。鸿胪寺鸣赞官二员分立东西陛石阑前，东西面。记注官四员立西阶下，东面。引礼之鸿胪寺序班四员、纠仪之御史六员、礼部司官六员分立，从祀王公百官左右均东西面，掌燎官率燎人立于燎炉之东南隅，如冬至仪。

遣官行礼位次：殿外丹陛正中为承祭官拜位，殿门内正中为读祝位，均北向；丹墀内东西为陪祀百官拜位，东西各五班，东位西上，西位东上，重行异等，皆北面。

遣官执事位次：殿内监礼、纠仪用礼部司官、御史，无礼部、都察院、乐部、光禄寺各堂官，无记注官、侍卫、赞赐福胙、司拜牌、拜褥官。余执事各位次均与亲诣行礼同。

执事

在举行典礼时担任专职的人称为执事,部分执事由主管部门派出,部分由皇帝指定大臣临时担当,尽管执事品级不同,但所有人均须按照规定担负相应的职能。

亲诣行礼执事官员:礼部侍仪堂官二员,监礼司官六员;都察院侍仪堂官二员,监礼御史六员;光禄寺奉福酒、福胙堂官二员,预备福胙官四员,侍卫处接福酒、福胙侍卫二员;銮仪卫司盥洗盆官一员,司巾官一员,司龙亭官二员;工部预备幄次陈设官二员;钦天监候时官二员;鸿胪寺引陪祀官六员;乐部典乐官一员;翰林院记注官四员;太常寺赞引官一员,对引官一员,典仪官一员,唱乐官一员,读祝官一员,唱饮福受胙官一员,司拜褥官一员,司拜牌官一员,传赞官二员,司读祝、受福胙、拜褥官一员,司读祝、受福胙、拜牌官一员,司香官八员,司帛官八员,司爵官八员,司汤壶官八员,司节次灯官一员,司祝版灯官一员,数帛官一员,司燎炉拜褥官一员,司拜牌官一员,斋宫前引官二员,奏时辰堂官一员,赞礼郎二员,司提灯官二员,司提炉官二员,西天门看守官二员,神库看守官一员,神厨看守官、宰牲亭看守官各一员,树林看守官二员,东西砖城门看守官六员,预备官二员,继烛官二员。

乐生执事:歌章十人,琴十人,笙十人,箫十人,笛十人,篪六人,瑟四人,埙二人,排箫二人,搏拊二人,柷一人,敔一人,执鼓二人,编钟二人,镈钟一人,编磬二人,特磬一人。

文舞生执事：左班执羽龠，按金石丝竹分为行列，各八人；右班执羽龠，按匏土革木分为行列，各八人；引舞官二员。

武舞生执事：左班执干戚，按乾坎艮震分为行列，各八人；右班执干戚，按巽离坤兑分为行列，各八人；引舞官二员。

执事生执事：司尊八人，司炉香二十六人，守御拜褥、守读祝拜褥、守望燎拜褥各一人。

遣官行礼执事：礼部监礼司官六员；都察院监礼御史八员；銮仪卫司龙亭官二员；钦天监候时官二员；鸿胪寺引陪祀官二员；太常寺赞引、对引、典仪、唱乐、读祝官各一员，传赞官二员，司帛、司香、司爵、司汤壶官各八员，数帛、司节次、司祝版灯官各一员，预备官、继烛官、监礼官、东西砖城门看守官、西天门看守官、树林看守官各二员。

乐生、文武舞生、执事生各执事。唯执事生内无司拜褥生三人，余与亲诣行礼同。

祝文

祝文是祭祀时用于向神祷告的文字，一般由翰林院拟文，行礼时由读祝官诵读。

明朝天地合祀大典祝文：

　　维　年岁次（甲子）正月　日，嗣天子臣（御名）敢昭告于皇天上帝后土皇地祇。时维孟春，三阳开泰，敬率臣僚，以玉帛牺牲、粢盛庶品恭祀于大祀殿，备兹燎瘗，皇考太祖高皇帝配神，尚飨。

明朝圜丘冬至大祀祝文：

　　维　年岁次　月　日，嗣天子臣（御名）敢昭奏于皇天上帝曰：时维冬至，六气资始，敬遵典礼，谨率臣僚，恭以玉帛牲齐、粢盛庶品，备此禋燎，祇祀于上帝，奉太祖开天行道，肇纪立极大圣至神仁文义武俊德成功高皇帝配帝侑神，尚飨。

清朝冬至大祀祝文：

　　维　年岁次　十一月朔越日，嗣天子臣（御名）敢昭告于皇天上帝曰：时维冬至，六气资始。敬遵典礼，谨率臣僚，以玉帛、牺牲、粢盛庶品，备此禋燎，祇祀于上帝，奉太祖承天广运圣德神功肇纪立极仁孝睿武端毅钦安弘文定业高皇帝……尚飨。

清代祈谷大典祝文：

　　维　年岁次　正月朔越日辛，嗣天子臣（御名）敢昭告于皇天上帝曰：臣仰承眷命，抚育万方，念切民生，亟图康乂，兹者，候届上辛，春耕将举，爰摅诚悃，上迓洪庥，谨率臣僚，以玉、帛、牲、醴、粢盛、庶品恭祀上帝，伏祈昭鉴。时若雨阳，俾百谷用成，三农攸赖。奉太祖承天广运圣德神功肇纪立极仁孝睿武端毅钦安弘文定业高皇帝、太宗应天兴国弘德彰武宽温仁圣睿孝敬敏昭定隆道显功文皇帝、世祖体天隆运定统建极英睿钦文显武大德弘功至仁纯孝章皇帝、圣祖合天弘运文武睿哲恭俭宽裕孝敬诚信中和功德大成仁皇帝、世宗敬天昌运建中表正文武英明宽仁信毅睿圣大孝至诚宪皇帝、高宗法天隆运至诚先觉体元立极敷文奋武钦明孝慈神圣纯皇帝、仁宗受天兴运敷化绥猷崇文经武光裕孝恭勤俭端敏英哲睿皇帝侑神。尚飨。

清常雩祝文：

　　维　年岁次　四月朔越日，嗣天子臣（御名）敢昭告于皇天上帝曰：臣恭承帝命，率育寰区。民为邦本，深思稼穑之艰难；食乃民天，惟冀雨旸之时若。用蠲吉日，肃展明禋。兹当龙见之期，爰举祈年之典。惟皇上帝鉴，兹将享之诚，用康兆民，咸受明昭之赐。俾五风十雨，黍稷惟馨，九谷三农，顺成有庆。奉太祖承天广运圣德神功肇纪立极仁孝睿武端毅钦安弘文定业高皇帝、太宗应天兴国弘德彰武宽温仁圣睿孝敬敏昭定隆道显功文皇帝、世祖体天隆运定统建极英睿钦文显武大德弘功至仁纯孝章皇帝、圣祖合天弘运文武睿哲恭俭宽裕孝敬诚信中和功德大成仁皇帝、世宗敬天昌运建中表正文武英明宽仁信毅睿圣大孝至诚宪皇帝、高宗法天隆运至诚先觉体元立极敷文奋武钦明孝慈神圣纯皇帝、仁宗受天兴运敷化绥猷崇文经武光裕孝恭勤俭端敏英哲睿皇帝侑神。尚飨。

　　告祀不属于常祀，只有国家遇到特别重要的事情才会举行告祀，故告祀祝文撰写也与常祀祝文格式略有不同。祝文内容以所要祈求或汇报的内容为主。如清朝初年顺治皇帝为登基举行圜丘告祀祝文：

> 维甲申年岁次　十月乙卯日，大清国皇帝福临敢昭告于皇天后土，帝鉴无私，眷隆有德，我皇祖宠膺天命，肇造东土，建立丕基，及皇考开山承家恢弘大业，臣以眇躬赞兹鸿绪，值明年祚将终，奸雄蜂起，以至生灵涂炭，俊望来苏，臣钦承祖宗功德。倚任贤亲，爰整六师，救民水火，扫除暴虐，抚揖黎元，内外同心，大勋克集，因兹定鼎燕京，以绥中国臣工众庶，佥云神助，不可违，舆情不可负，宜登大位，表正万邦，臣祗荷天春，以顺民情，于本年十月初一日告天，仍用大清国号，顺治元年，率由初制，伏惟天地佑助，早靖祸乱，载戢干戈，九州悉平，登进仁寿，俾我大清皇图永固，为此祈祷，伏惟歆享。

因祭祀有时是皇帝亲自行礼，有些祭祀为皇帝派遣官员代替皇帝行礼，称"遣官恭代"。遣官恭代的祭祀祝文内皇帝御名下一定要敬书："遣　恭代，敢昭告于……"云云。

临坛行礼

祀日前期行文钦天监，将祀日皇帝移驾时刻系何时刻查明，预期送太常寺，缮入行礼仪注。

祭日请皇帝移驾：圜丘、祈谷、常雩于日出前七刻，方泽于日出前六刻，太庙、社稷于日出前四刻，日坛于日出前六刻，月坛于酉时前四刻，历代帝王庙、先师庙于日出前六刻，先农坛于巳时前六刻，传心殿于日出前三刻，均前期行文钦天监开送时刻并拣派候时官。

如圜丘冬至大祀例：

祀日由斋宫请驾，应派候时官二员于祀前一日赴坛守晚，预备启奏时刻。前期行文钦天监拣派，并将派出之职名预期送太常寺。

祀日五鼓时，太常寺堂官一员、赞礼郎二员、候时官二员赴斋宫启奏时刻。

祀日，导驾提炉用白檀香丁四两，炭墼二个，提灯内用九两重挂红白蜡二支。

日出前七刻，斋宫请驾诣坛行礼。太常寺堂官一员于是时转奏皇帝御祭服，乘礼舆出斋宫，升玉辇（道光十年定，玉辇在天安门外预备）。太常寺官二员在前引十大臣前，导至降辇处，皇帝降辇。赞引官、对引官恭代皇帝至更衣幄次内稍候，俟安奉神位毕，太常寺堂官转奏恭请皇帝行礼。皇帝出幄次盥手毕，赞引官、对引官恭导皇帝由砖城门左门入祈年门左门，升正面东阶进祈年殿东隔扇，诣拜褥前立。安御拜位、拜牌官跪安拜牌于拜褥上正中，退。典仪官唱乐舞生就位，执事官各司其事。赞引官奏就位。皇帝升拜褥上立，典仪官唱燔柴迎帝神，司香官奉香盒，就前向上立。唱乐官唱迎帝神，乐奏《祈平之章》，安拜牌官跪起拜牌，退。镈钟鸣，击编钟，乐作。赞引官奏升坛，司香官进至各位香炉旁跪。

赞引官恭导皇帝由中阶东旁升坛，诣上帝位香炉前立。赞引官奏跪，皇帝跪。奏上香，皇帝先举炷香安香靠内，次三上瓣香毕，兴。赞引官恭导历代皇帝位前，上香仪俱与上帝位前上香仪同。赞引官奏旋位，恭导皇帝旋位立，安拜牌官跪安拜牌，退，赞引官奏跪拜，皇帝行三跪九拜礼，兴。乐止，击特磬，奏祝。典仪官唱奠玉帛，奉玉帛官奉玉帛匣就前向上立。唱乐官唱奠玉帛，乐奏《绥平之章》。安拜牌官跪起拜牌，退。镈钟鸣，击编钟，乐作。赞引官奏升坛，奉玉帛官进至各位帛案旁跪，赞引官恭导皇帝诣上帝位帛案前立，赞引官奏跪，皇帝跪，奏献玉帛，皇帝受玉帛匣，拱举献于案上正中，兴。赞引官恭导皇帝诣历代皇帝位前献帛，仪俱与上帝位前献玉帛仪同。赞引官奏旋位，恭导皇帝旋位立，安拜牌官跪安拜牌，退，乐止。击特磬，奏祝。典仪官唱进俎，安拜牌官跪起拜牌，退。赞引官恭导皇帝转立东旁，铺拜褥官跪起拜褥，执汤壶官奉汤壶，依次进至各位前跪举，立。浇汤毕，铺拜褥官跪铺拜褥，退，赞引官恭导皇帝旋位立，安拜牌官跪安拜牌，退。唱乐官唱进俎，乐奏《万平之章》。安拜牌官跪起拜牌，退。镈钟鸣，击编钟，乐作。赞引官奏升坛，恭导皇帝诣上帝位香炉前立，赞引官奏跪，皇帝跪，奏进俎，皇帝双手拱举，毕，赞引官恭导皇帝诣历代皇帝位前进俎，赞引官奏旋位，恭导皇帝旋位立，安拜牌官跪安拜牌，退，乐止。击特磬，奏祝，典仪官唱行初献礼，执爵官奉爵，就前向上立，唱乐官唱初献，乐奏《宝平之章》。安拜牌官跪起拜牌，退。镈钟鸣，击编钟，乐作，赞引官奏升坛，执爵官进至各位爵案左旁立，赞引官恭导皇帝诣上帝位宝座左旁立，赞引官奏跪，皇帝跪，奏献爵，皇帝受爵，拱举，献于爵垫正中，兴，铺读祝位拜褥官跪铺拜褥，退。赞引官奏旋读祝位，恭导皇帝诣读祝位拜褥上立，安读祝位拜牌官跪安拜牌，退。读祝官就祝案前，一跪三叩，奉祝文至案东北角，预跪，乐止，赞引官奏跪，皇帝跪，赞引官赞读祝，读祝官读毕，奉祝文至上帝位前，跪安于帛匣内，三叩，退。乐作，赞引官奏拜，兴，皇帝行三拜礼，兴，安读祝位拜牌官跪起拜牌，退。赞引官恭导皇帝诣历代皇帝位前献爵。铺读祝位拜褥官跪起拜褥，退，赞引官奏旋位，恭导皇帝旋位立，安拜牌官跪安拜牌，退，乐止。击特磬，奏柷，典仪官唱行亚献礼，执爵官奉爵，就前向上立，唱乐官唱亚献，乐奏《穰平之章》。安拜牌官跪起拜牌，退。镈钟鸣，击编钟，乐作。赞引官奏升坛，执爵官进至各位爵案左旁跪，赞引官恭导皇帝诣上帝位、历代皇帝位前献爵献于爵垫左。赞引官奏旋位，恭导皇帝旋位立，安拜牌官跪安拜牌，退，乐止。击特磬，奏柷。典仪官唱行终献礼，执爵官奉爵，就前向上立，唱乐官唱终献，乐奏《瑞平之章》。安拜牌官跪起拜牌，退。镈钟鸣，击编钟，乐作。赞引官奏升坛，执爵官进至各位爵案右旁跪，赞引官恭导皇帝诣历代皇帝位前献爵，赞引官奏旋位，恭导皇帝旋位立，安拜牌官跪安拜牌，退，乐止。击特磬，乐奏。铺受福胙位拜褥官跪铺拜褥，退。殿内西边官一员就前东向立，唱赐福胙，退。安御拜位拜牌官跪起拜牌，退。赞引官奏诣受福胙位，恭导皇帝诣受福胙位拜褥上立，安受福胙位拜牌官跪安拜牌，退。光禄寺堂官二员奉福胙至上帝位前，拱举，奉至皇帝受福胙拜褥右旁立，接福胙侍卫二员于拜褥左旁立。赞引官奏跪，皇帝跪，光禄寺堂官二员、接福胙侍卫二员皆跪，奏饮福酒，皇帝受爵拱举授左旁侍卫，奏受胙，皇帝受胙拱举，授左旁侍卫。赞引官奏拜、兴，皇帝行三拜礼，兴，安受福胙位拜牌官跪起拜牌，退。赞引官奏旋位，恭导皇帝旋位立，铺受福胙位拜褥官跪起拜褥，退，安御拜位拜牌官跪安拜牌，退。皇帝行谢福胙礼，赞引官奏跪、拜、兴，皇帝行三跪九拜礼，兴。典仪官唱彻馔，唱乐官唱彻馔，乐奏《渥平之章》，镈钟鸣，击编钟，乐作。奉玉官至上帝位前一跪一叩，奉玉退，乐止，击特磬，奏柷。典仪官唱送帝神，唱乐官唱送帝神，乐奏《滋平之章》，镈钟鸣，击编钟，乐作。赞引官奏跪、拜、兴，皇帝行三跪九拜礼，兴，乐止，击特磬，奏柷。典仪官唱奉帛馔恭送燎位，奉祝香帛馔官至各位前跪，奉祝帛官三叩，奉香馔官不叩，各奉起依次送往燎炉时，安拜牌官跪起拜牌，赞引官恭导皇帝转立东旁，铺拜褥官跪起拜褥，俟祝帛馔香过毕，铺拜褥官跪铺拜褥，退。赞引官恭导皇帝旋位立，安拜牌官跪安拜牌，退。典仪官唱望燎，唱乐官唱望燎，乐奏《谷平之章》。安拜牌官跪起拜牌，退，镈钟鸣，击编钟，乐作。赞引官奏诣望燎位，同对引官恭导皇帝由殿东隔扇出，降正面东阶，出祈年门左门诣望燎位，铺望燎位拜褥官预设拜褥，安拜牌官预安拜牌，数帛官数帛，赞引官、对引官恭导皇帝升拜褥上立，望燎。赞引官奏礼毕，恭导皇帝至更衣幄次内，乐止，击特磬，奏柷，皇帝至升辇处，皇帝升辇还宫。

明清祭祀礼仪繁缛，过程冗长。体现了国家祀典的庄重、威严，突出了君权神授、皇权至上的政治特色。尽管如此，它还是反映了人们对天的尊重、敬畏，体现了人们憧憬着人与自然相互依存、和谐相处的诉求，表达了人们向往美好、追求幸福的理想。

后　记

坛庙是中国祭祀文化的物质载体。祭祀就是敬神，是一种礼仪活动。它表达了一种崇敬、顺从，天坛斋宫内悬挂着清朝乾隆皇帝亲笔题写的"钦若昊天"匾，取意《尚书》"乃命羲和，钦若昊天，敬授人时，历象日月星辰"，表达了对天的顺从，这一观点在《周易》中也有反映，《周易》有"观天之神道，而四时不忒。圣人以神道设教，而天下服矣"句，所谓"钦若昊天""天下服矣"就是古人将天地运行规律演化归纳为抽象的道德伦理或社会秩序，指导人们的社会实践，规范人的社会生活，实现所谓"教化"。坛庙祭祀的"报本返始"的形式和思想就是教化百姓，使百姓相信并遵循伦理制度和道德规范，"报本"要求人们要知道感恩，所谓"返始"更含有回归意义，"报本返始"深层次的含义是引导、教化人们，感谢自然的赐福，恪守先贤制定的操守。基于这种统治思想，祭祀礼仪也是烦冗复杂的，要选吉时、定服制、制供品、习礼仪，更通过保留原始的形式来表达虔诚。祭品奉以黍稷稻粱、玉帛牲牢，歌舞采用原始的佾舞，一字一音的雅乐，执干戚籥龠。祭祀盛典所设种种繁文缛节就是强调礼，就是表达敬畏和谦卑。这种对原始的尊重使祭祀的形式神秘庄重。

  坛庙祭祀宏大庄重的场面、具有象征意义的礼仪形式，丰盛的祭品、场面恢宏的祭祀乐舞，表达了人对神的崇拜，体现了人的虔诚，反映出了人对神的依赖和天人之间的和谐，彰显了中华民族探索自然、顺应自然、崇尚天人和谐、社会和谐理想境界的哲学理念，展示了中华民族在世界观、伦理道德观念、信仰崇拜方式等方面特有的民族精神、思想意识与文化传统。同时也展示了中华民族几千年来在思想、文化、经济、艺术等不同领域所创造和积累的优秀文化与文明成果。

  北京皇家坛庙是中国传统文化的物质载体，是中国古代先贤智慧的结晶，是无数古代工匠心血的凝聚，也是那些封建帝王的精神寄托。宏伟庄严的坛庙既昭示了帝王的政治雄心及宏图大业，也体现了他们的睿智及辛劳。坛庙既是帝王君临天下的象征，也是他们渴望得到神灵护佑的心理诉求的流露。故三千年来，坛庙一直是中国古代帝都的标志，是帝都之魂魄。

  2017年8月初，受到北京市地方志办公室副主任谭烈飞、中山公园原党委书记王来水的邀请参加了个会，与会后才知道是北京出版社要编辑一套北京地方丛书，分配给我的任务是撰写其中的《北京皇家坛庙》一书。谭主任、王书记都是我的老领导，也是多年的老朋友，盛情难却，于是应下了这件事。

应该是机缘巧合，我这个人确实与坛庙有挺深的缘份，上小学的时候学校就设在先农坛内，学校是住宿制，课余就是在校园里跑来跑去。当时先农坛的内坛还很完整，到处都是古建筑，还有高大巍峨的古松柏，在心目中留下了深刻印象。1976年参加工作又在天坛上班，天坛的古建筑雄伟壮丽，每天都有大量的海内外游客到天坛参观，让我的心底有了一点小小的骄傲。而借工作之便，也有了许多机会到其他坛庙去转一转，即使是没有开放的故宫传心殿、先农坛的庆成宫也都有幸瞻仰了一番。

1988年我被抽调参加《天坛志》的编写工作，开始接触历史档案，了解到天坛管理处的前身竟是北平市坛庙事务管理所。中华民国期间，北京大部分坛庙是由坛庙事务管理所管辖的。1950年坛庙事务管理所改组为天坛管理处，但一些坛庙的历史档案甚至地契还存放在天坛，这让我对其他坛庙也有所了解。1993年，我参加了北京园林绿化志编写组，负责其中坛庙园林这一部分内容的修纂，为了完成工作，那时候没少泡图书馆、书店，也到各坛庙做了不少实地考察，整理完成了大量资料。这些经历激发了我对坛庙研究的兴趣，也丰富了我对北京坛庙的认识。从最初简单地认为坛庙是举办封建迷信活动的场所转变为认识到坛庙是中国传统文化的物质载体，是中国古代哲学、文化及政治理念积淀的结果，是国家权力及天下一统的象征。

坛庙是古人表达诉求和美好愿望的祭祀建筑。中国建筑坛庙的历史源远流长。历史上，我们的古代先贤曾建筑了成千上万座坛庙，这些坛庙代表了中国历史上各个阶段的辉煌，传承了古人对自然的崇拜、敬仰。今天北京还比较完整地保存了唯一的一座帝都坛庙建筑群,即以天坛、太庙为代表的九坛八庙。九坛八庙无论是建筑体量、建筑形制及装饰艺术都是中国古代建筑中的经典,堪称中国古建筑的代表作。这次编写《北京皇家坛庙》即以九坛八庙为记述对象,采用"述而不作"的方式记叙、介绍了九坛八庙的历史沿革、建筑概况、祭祀内容和相应的礼仪制度,基本上勾画出了九坛八庙的大致轮廓和文化内涵。希望这本书的出版能对读者了解北京乃至中国的历史文化有所帮助,也算是不负老领导、老朋友之托吧。

武裁军

2017 年 12 月 12 日